Al Lector

Este libro se presenta en su forma original y es parte de la literatura y las obras religiosas del fundador de Scientology®, L. Ronald Hubbard. Es un registro de las observaciones e investigaciones del Sr. Hubbard sobre la naturaleza del Hombre y las capacidades de cada individuo como ser espiritual, y no es una declaración de pretensiones hechas por el autor, la editorial ni cualquier iglesia de Scientology.

Scientology se define como el estudio y manejo del espíritu en relación consigo mismo, los universos y otros seres vivos. Así, la misión de la iglesia de Scientology es sencilla: ayudar al individuo a recuperar su verdadera naturaleza, como ser espiritual, y así conseguir una consciencia de su relación con sus semejantes y el universo. Ahí está el camino a la integridad personal, la confianza, la ilustración y la libertad espiritual en sí.

Scientology y su precursora y subestudio, Dianética, tal y como las practica la Iglesia, sólo se dirigen al "thetán" (espíritu), que es superior al cuerpo, y su relación y efectos sobre el cuerpo. Si bien la Iglesia, como todas las iglesias, es libre de dedicarse a la curación espiritual, su meta principal es aumentar la consciencia espiritual para todos. Por esta razón, ni Scientology ni Dianética se ofrecen ni se presentan como una curación física ni hacen ninguna afirmación a tal efecto. La Iglesia no acepta individuos que deseen tratamiento de enfermedades físicas o mentales, sino que, en su lugar, exige un examen médico competente en cuanto a condiciones físicas, realizado por especialistas cualificados, antes de abordar su causa espiritual.

El Electrómetro Hubbard®, o E-Metro, es un aparato religioso utilizado en la Iglesia. El E-Metro, por sí mismo, no hace nada y sólo lo utilizan ministros y personas que se están preparando como ministros, capacitados en su uso, para ayudar a los feligreses a localizar la fuente de sus tribulaciones espirituales.

El logro de los beneficios y metas de la religión de Scientology exige la participación dedicada de cada individuo, ya que sólo puede lograrlos a través de sus propios esfuerzos.

Esperamos que la lectura de este libro sea sólo el primer paso de un viaje personal de descubrimiento en esta religión mundial nueva y vital.

Este Libro Pertenece A

____

SCIENTOLOGY
UN NUEVO PUNTO DE VISTA SOBRE LA VIDA

SCIENTOLOGY

UN NUEVO PUNTO DE VISTA SOBRE LA VIDA

L. RONALD HUBBARD

Bridge Publications, Inc.

UNA PUBLICACIÓN HUBBARD®

Bridge Publications, Inc.

4751 Fountain Avenue
Los Angeles, California 90029

ISBN 978-1-4031-5214-5

LATIN AMERICAN SPANISH–*SCIENTOLOGY: A NEW SLANT ON LIFE*

Impreso en Estados Unidos

Nota Importante

Al leer este libro, asegúrate muy bien de no pasar nunca una palabra que no comprendas por completo. La única razón por la que una persona abandona un estudio, se siente confusa o se vuelve incapaz de aprender, es porque ha pasado una palabra que no comprendió.

La confusión o la incapacidad para captar o aprender viene DESPUÉS de una palabra que la persona no definió ni comprendió. Tal vez no sean sólo las palabras nuevas e inusuales las que tengas que consultar. Algunas palabras que se usan comúnmente, a menudo pueden estar definidas incorrectamente y por lo tanto causar confusión.

Este dato acerca de no pasar una palabra sin definir es el hecho más importante en todo el tema del estudio. Cada tema que has comenzado y abandonado contenía palabras que no definiste.

Por lo tanto, al estudiar este libro asegúrate muy, muy bien de no pasar nunca una palabra que no hayas comprendido totalmente. Si el material se vuelve confuso o parece que no puedes captarlo por completo, justo antes habrá una palabra que no has comprendido. No sigas adelante, sino regresa a ANTES de que tuvieras dificultades, encuentra la palabra malentendida y defínela.

Glosarios

Para ayudar a la comprensión del lector, L. Ronald Hubbard dispuso que los editores proporcionaran un glosario. Este se incluye en el Apéndice: *Glosario Editorial de Palabras, Términos y Frases.* Las palabras a veces tienen varios significados. El *Glosario Editorial* sólo contiene las definiciones de las palabras como se usan en este texto. Se pueden encontrar otras definiciones en un diccionario normal del idioma o en un diccionario de Dianética y Scientology.

Si encuentras cualquier otra palabra que no comprendes, búscala en un buen diccionario.

Scientology: Un Nuevo Punto de Vista sobre la Vida

Contenido

Sobre los Fundamentos de la Vida y el Vivir

Sobre el Trabajo y el Éxito

Acerca de la Familia

Sobre Cómo Llevarse Bien con Otros

Sobre el Comportamiento Humano

Sobre la Honestidad y la Ética

Para Finalizar

Epílogo

Apéndice

Introducción

Introducción

Después de todo, ¿quién eres tú? ¿De dónde vienes? ¿Qué va a pasar contigo? ¿Eres un producto del barro como se te ha dicho, que va a existir durante unos cuantos años y luego va a ir perdiendo vida y va a fertilizar la tierra de la que dijeron que provenías? ¿O eres algo mejor, algo más sutil?

¿Cuáles son tus metas? ¿Adónde vas? ¿Por qué estás aquí? ¿Qué *eres* tú? Scientology tiene las respuestas a estas preguntas, buenas respuestas que son verdad, respuestas que funcionan para ti. Porque el tema de Scientology eres *tú*.

L. Ronald Hubbard

¿Es Posible Ser Feliz?

Scientology:
Un Nuevo Punto de Vista sobre la Vida

L. Ronald Hubbard

"La verdad del asunto
es que toda la felicidad
que jamás encontrarás
se halla en ti".

¿Es Posible Ser Feliz?

¿Es posible ser feliz?

Muchísima gente se pregunta si la felicidad siquiera existe en este mundo moderno y apresurado. Muy a menudo un individuo puede tener un millón de dólares, puede tener todo lo que su corazón aparentemente desea y aun así es desdichado. Tomemos el caso de alguien que ha trabajado toda su vida. Ha trabajado duro. Ha sacado adelante una gran familia. Ha anhelado el momento de su vida en que, por fin, pueda retirarse y ser feliz y estar contento y tener un montón de tiempo para hacer todas las cosas que quería hacer. Y luego lo vemos después de que se ha jubilado y... ¿es feliz? No. Está ahí sentado pensando en los buenos tiempos, cuando trabajaba con empeño.

Nuestro principal problema en la vida es la felicidad.

El mundo hoy en día puede o no estar concebido para ser un mundo feliz. Cabe o no cabe la posibilidad de que seas feliz en este mundo. Y sin embargo, casi todos tenemos la meta de ser felices y estar alegres respecto a la existencia.

Y entonces, muy a menudo, miramos el mundo que nos rodea y decimos: "Bueno, nadie podría ser feliz en este lugar". Miramos los platos sucios en el fregadero, y el coche que necesita una mano de pintura, y el hecho de que necesitamos un nuevo calentador de gas, necesitamos un abrigo nuevo, necesitamos zapatos nuevos o simplemente nos gustaría tener zapatos mejores, y decimos: "Bueno, ¿cómo es *posible* que alguien pueda ser feliz, cuando en realidad no puede tener todo lo que quiere? Es incapaz de hacer todo lo que le gustaría hacer y, por lo tanto, este entorno no le *permite* a la persona ser tan feliz como podría ser".

Bueno, te diré algo curioso. Muchos filósofos han dicho esto muchas, muchas veces, pero la verdad del asunto es que toda la felicidad que jamás encontrarás se halla en *ti*.

Te acuerdas de cuando tenías quizás unos cinco años, y salías por la mañana y mirabas el día, y era un día realmente espléndido. Mirabas las flores y eran unas flores *muy* hermosas. Veinticinco años más tarde, te levantas por la mañana, echas un vistazo a las flores: están marchitas. El día *no es* un día feliz. Bueno, ¿qué ha cambiado? Tú sabes que son las mismas flores, es el mismo mundo. Algo debe de haber cambiado. Bueno, probablemente fuiste *tú*.

En realidad, un niño pequeño obtiene todo su placer en la vida de la gracia que él pone en la vida. Agita una mano mágica y hace realidad todo tipo de cosas interesantes en la sociedad. ¿Dónde hace esto? Va por ahí y mira a un poli. Aquí está este hombre fornido, fuerte como una bestia, que va por ahí montado en su corcel de acero. ¡Hombre, vaya si le gustaría a él ser un poli! ¡Vaya que sí, le encantaría ser un poli! Veinticinco años más tarde, ve a ese poli yendo por ahí, comprobando su velocímetro y dice: "¡Estos malditos polis!".

Bueno, ¿qué ha cambiado aquí? ¿Ha cambiado el poli? No. Sólo la *actitud* hacia el poli. La actitud de uno hacia la vida supone la mayor de las diferencias en la vida de uno. Ya sabes, no tienes que estudiarte mil libros antiguos para descubrir ese hecho. Pero a veces hace falta volver a señalar que la vida no cambia tanto como *tú*.

Había una vez, quizás, en la que pensabas casarte y tener un bonito hogar y una bonita familia y todo sería simplemente perfecto. Y el marido llegaría a casa, ¿ves?, y pondrías la cena en la mesa, y todo el mundo estaría feliz al respecto. Y luego te casaste y quizás no salió bien del todo. De una forma u otra, él llega tarde a casa, ha tenido una discusión con el jefe y no se siente bien. No quiere ir al cine, y tampoco ve que tú tengas nada de trabajo que hacer, de todas maneras. Al fin y al cabo, te pasas el día en casa sentada sin hacer nada. Y tú sabes que él tampoco trabaja nada. Él desaparece de casa, se ha ido y vuelve tarde por la noche y tampoco ha hecho nada. Esto podría dar lugar a toda una discusión y, en realidad, los dos han trabajado muy duro.

Bueno, ¿qué hacemos en una situación así? ¿Rompemos el matrimonio así, sin más? ¿O le prendemos fuego a la casa? ¿O tiramos a los niños a la basura y nos vamos a casa de Mamá? ¿O qué hacemos?

Bueno, hay muchas, muchas, muchas cosas que podríamos hacer, pero lo mínimo que se puede hacer es echar un vistazo al entorno. Sólo mirar alrededor y decir: "¿Dónde estoy? ¿Qué *estoy* haciendo *aquí*?". Y entonces, una vez que hubieras descubierto dónde estabas, bueno, tratar de ver cómo podrías hacerlo un poco más habitable.

El día en que dejas de crear tu propio entorno, cuando dejas de crear tus propios alrededores, cuando dejas de agitar una mano mágica y dotar de magia y belleza a todo lo que te rodea, las cosas dejan de ser mágicas, las cosas dejan de ser bellas.

Bueno, puede que simplemente hayas descuidado en algún momento en los últimos años agitar esa mano mágica.

Otras personas buscan la felicidad de diversas formas. La buscan frenéticamente. Es como si fuera una especie de mecanismo que existe.

Se fabrica. Puede que sea una maquinita, puede que sea algo que esté arrumbado en una alacena o puede que la felicidad esté a la vuelta de la esquina. Quizás esté en otro sitio. Ellos están buscando *algo*. Bueno, lo curioso de esto es que la única vez en que llegarán a encontrar algo es sólo cuando ellos lo pusieron ahí *en primer lugar.* Ahora, esto no parece muy verosímil, pero es muy cierto.

Esas personas que han llegado a sentirse desdichadas respecto a la vida, *son* desdichadas acerca de la vida única y exclusivamente porque la vida ha dejado de ser creada por ellos. Aquí tenemos la única diferencia en un ser humano. Tenemos a ese ser humano que es desdichado, miserable y que no está saliendo adelante en la vida, que está enfermo, que no ve esperanza alguna. La vida está manejándolo, dirigiéndolo, cambiándolo, moldeándolo *a él.* Aquí tenemos a alguien que es feliz, que es alegre, que es fuerte, que encuentra que hay algo que vale la pena hacer en la vida. ¿Qué descubrimos en esta persona? Encontramos que él está creando la vida. Ahora, en realidad esta es la única diferencia: ¿estás tú creando la vida o está la vida creándote a ti?

Y cuando indagamos en esto, encontramos que la persona ha dejado de crear la vida porque ella misma ha decidido que la vida no se puede crear. Algún fracaso, algún pequeño fracaso (quizás no graduarse en la misma promoción, quizás aquel fracaso que tuvo que ver con no casarse con el primer hombre o mujer que apareció y parecía apropiado, quizás el fracaso de haber perdido un coche o algo sin importancia en la vida) inició esta actitud. Un día una persona miró a su alrededor y dijo: "Bueno, he perdido". Y después de eso la vida lo crea a él; él ya no crea la vida.

Bueno, esta sería una situación espantosa si no se pudiera hacer algo al respecto. Pero el hecho es que ese es el problema más fácil de todos los problemas que afronta el Hombre: cambiarse a sí mismo y cambiar las actitudes de los que le rodean. Cambiar la actitud de otra persona es muy, muy fácil. Y aun así dependes por completo de las actitudes de otras personas. La actitud de alguien hacia ti puede determinar el éxito o el fracaso de tu vida. ¿Se te ha ocurrido alguna vez que tu hogar probablemente permanece unido debido a la actitud de la otra persona hacia ti? Así que aquí hay dos problemas. Tienes que cambiar dos actitudes: una, tu actitud hacia la otra persona; y dos, su actitud hacia ti.

Bueno, ¿hay formas de hacer estas cosas? Sí, afortunadamente, las hay.

Durante muchos, muchos, muchos siglos, el Hombre ha deseado saber cómo cambiar la mentalidad y condición de sí mismo y de sus semejantes. En realidad, el Hombre no había acumulado suficiente información para hacer esto hasta hace relativamente unos pocos años. Pero estamos viviendo en un mundo que se mueve muy rápidamente. Estamos viviendo en un mundo en el que la magia puede producirse en cualquier momento, y se ha producido.

El Hombre comprende ahora muchísimas cosas sobre el universo en que vive que nunca antes comprendió. Y entre las cosas que ahora comprende está la mente humana. La mente humana no es un problema sin resolver. La psicología del siglo XIX no resolvió el problema. Eso no significa que no se haya resuelto.

En los tiempos modernos, se están produciendo los milagros más interesantes por todo este país y por todos los demás continentes de la Tierra. ¿En qué consisten esos milagros? Consisten en gente que se pone bien. Consisten en gente que era desdichada y vuelve a ser feliz otra vez. Consisten en eliminar el peligro inherente a muchas de las enfermedades y a muchas de las condiciones del Hombre. Y sin embargo la respuesta ha estado con el Hombre todo el tiempo. El Hombre ha sido capaz de buscar y encontrar esta respuesta, pero quizás el Hombre mismo tenía que cambiar. Tal vez tuvo que llegar hasta los tiempos modernos para darse cuenta de que el universo físico no estaba compuesto de demonios y fantasmas, para dejar atrás sus supersticiones, para dejar atrás la ignorancia de sus antepasados. Tal vez tuvo que hacer de todo, incluso inventar la bomba atómica, antes de que pudiera encontrarse a sí mismo.

Bueno, ya ha dominado bastante bien el universo físico ahora. Para él, el universo físico, ahora, no es más que un peón: puede hacer muchas cosas con él. Y habiendo conquistado eso, puede ahora conquistarse a sí mismo. La verdad del asunto es que se *ha* conquistado a sí mismo.

Scientology surgió gracias al aumento del conocimiento del Hombre sobre la energía. El Hombre llegó a poseer más información sobre la energía de la que jamás había tenido antes en toda su historia. Y entre esta, llegó a poseer información sobre la energía que constituye su propia mente.

El cuerpo *es* un mecanismo de energía. Naturalmente, alguien que no pueda manejar la energía, no podrá manejar un cuerpo. Estaría cansado, estaría trastornado, sería desdichado. Cuando mira a su alrededor, no encuentra *sino* energía.

Si supiera mucho sobre la energía (en especial sobre su propia energía, la energía que le hizo pensar, la energía que *era* él mismo y el espacio que le rodeaba), desde luego se conocería a sí mismo. Y esa, a fin de cuentas, ha sido su meta durante muchos miles de años: conocerse a sí mismo.

Scientology ha hecho posible que él pueda hacer esto.

L. Ronald Hubbard

Scientology: Un Resumen General

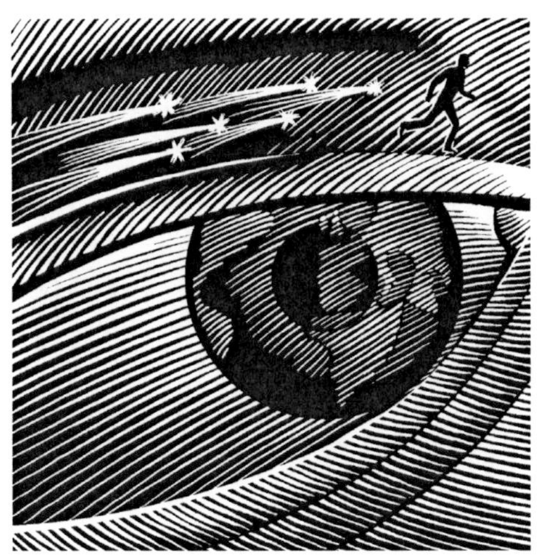

Integridad Personal

Scientology:
Un Nuevo Punto de Vista sobre la Vida

L. Ronald Hubbard

"Lo que es verdad
para ti es lo que has
observado tú mismo.
Y cuando pierdes eso,
lo has perdido todo".

Integridad Personal

Lo que es verdad para ti es lo que has observado *tú mismo.* Y cuando pierdes eso, lo has perdido todo.

¿Qué es la integridad personal? La integridad personal es *saber lo que sabes.* Lo que sabes es lo que sabes y tener el valor de saber y decir lo que has observado. Y eso es integridad y no hay otra integridad.

Por supuesto, podemos hablar de honor, verdad, nobleza... de todas estas cosas como términos esotéricos. Pero creo que todas quedarían muy bien incluidas si lo que realmente observáramos fuera lo que observáramos, que tuviéramos cuidado de observar lo que estuviéramos observando, que siempre *observáramos* para *observar.* Y no necesariamente manteniendo una actitud escéptica, una actitud crítica o una mentalidad abierta; no necesariamente manteniendo estas cosas en absoluto, pero *sin duda* manteniendo *suficiente* integridad personal y *suficiente* fe personal y confianza en uno mismo y valor para que podamos observar lo que observamos y decir lo que hemos observado.

Nada en Scientology es verdad para ti a menos que tú lo hayas observado y es verdad de acuerdo a tu observación.

Eso es todo.

Una Descripción de Scientology

Scientology:
Un Nuevo Punto de Vista sobre la Vida

L. Ronald Hubbard

"El único agente verdaderamente terapéutico en este universo es el espíritu. En Scientology esto se ha demostrado con más rigurosidad y existe con mayor certeza de la que disponen las ciencias físicas o las matemáticas".

Una Descripción de Scientology

Scientology es la ciencia de saber cómo saber respuestas. Es un sistema organizado de axiomas y procesos que resuelve los problemas de la existencia.

Un scientologist es un especialista en asuntos espirituales y humanos.

Scientology está organizada desde el punto de vista del espíritu y contiene una definición precisa y útil del espíritu y traza el mapa y estudia, y es capaz de cambiar el comportamiento del espíritu.

Scientology está formada en la tradición de diez mil años de filosofía religiosa y se considera a sí misma una culminación de las búsquedas que comenzaron con Los Vedas, el Tao, el budismo, el cristianismo y otras religiones. Scientology es una fe gnóstica debido a que sabe que sabe. Esta es su característica distintiva frente a la mayoría de sus predecesores. Scientology puede demostrar que puede alcanzar las metas establecidas para el Hombre por todas las religiones, que son: sabiduría, buena salud e inmortalidad.

Por medios espirituales, pero medios que son tan precisos como las matemáticas, un cúmulo de malas condiciones de la vida pueden remediarse en Scientology. La enfermedad y la disfunción se pueden dividir en dos clases generales. En primer lugar, aquellas que resultan directamente de la actuación del espíritu sobre las redes de comunicación de la vida o del cuerpo, y aquellas ocasionadas por el trastorno de la estructura por causas puramente físicas. Como mejor se curan la desdicha, la incapacidad de curarse y la enfermedad psicosomática (que incluye alrededor de un 70 por ciento de las enfermedades del Hombre) es dirigiéndose directamente al espíritu humano. Como mejor se trata la enfermedad causada por bacterias reconocibles y por heridas en accidente es por medios físicos, y estas pertenecen claramente al ámbito de la medicina y no son el campo de Scientology, excepto que los accidentes y la enfermedad y las infecciones bacterianas son predeterminadas en casi todos los casos por disfunción y desasosiego espirituales, y las condiciones en los accidentes se ven definitivamente prolongadas por cualquier mal funcionamiento espiritual. Así tenemos el campo de la medicina ocupándose de la herida inmediata (asuntos quirúrgicos como el parto y la infección aguda, y cosas como contusiones y abrasiones que resultan de accidentes), así como la administración de fármacos y antibióticos para evitar el fallecimiento del paciente en una crisis. Este es el papel de la medicina.

Donde existe la predisposición para la enfermedad o para la herida, o donde la enfermedad o la herida están siendo prolongadas, o donde la desdicha y la preocupación causan trastorno mental o físico, o donde deseamos hacer prosperar y mejorar las comunicaciones o las relaciones sociales, estamos actuando, si somos eficientes, en el ámbito de Scientology. Pues como mejor se curan o se previenen o se remedian tales cosas es recurriendo inmediata y directamente al espíritu y a su acción y determinismo sobre el comportamiento del cuerpo.

El único agente verdaderamente terapéutico en este universo es el espíritu. En Scientology esto se ha demostrado con más rigurosidad y existe con mayor certeza de la que disponen las ciencias físicas o las matemáticas. Un scientologist *puede* hacer que un individuo esté bien

y sea feliz y puede concederle inmortalidad personal, simplemente abordando al espíritu humano.

Durante más de diez mil años, el Hombre ha estado acumulando datos hacia esta meta. Pero hizo falta una amplia comprensión de las filosofías y de los procesos de Asia y una profunda instrucción en las ciencias físicas y matemáticas occidentales para conseguir la precisión que existe en Scientology cuando la practica adecuadamente un scientologist entrenado. Se podría decir que con Scientology hemos entrado en la Segunda Era de los Milagros.

Es un descubrimiento de Scientology (un descubrimiento capaz de superar las pruebas científicas más arduas) que las personas no son cuerpos, sino que son unidades vivas que manejan cuerpos. A la unidad viva la llamamos, en Scientology, thetán, habiéndose tomado de la letra griega *theta,* el símbolo matemático usado en Scientology para indicar la fuente de la vida y la vida en sí. El individuo, la persona, la verdadera identidad, es esta unidad viviente. Se ve modificada por la adición de un cuerpo. Y por la adición de un cuerpo, se le pone en un cierto unknowingness (falta de conocimiento con certeza) acerca de su propia condición. La misión de Scientology es elevar el knowingness (conocimiento con certeza) de este espíritu hasta tal punto que vuelva a saber lo que es y lo que está haciendo. Y en este estado el thetán puede poner en práctica directamente en su propio cuerpo o en su entorno o en los cuerpos de otros, la destreza curativa de la que él es capaz. Es el thetán el que construye y edifica, es el thetán el que da forma a las formas y organismos en sí.

Entre las facultades y potencialidades del thetán está la inmortalidad en un knowingness pleno de su propia identidad. La cantidad de tiempo que él ha pasado en la Tierra y la cantidad de muertes por las que ha pasado lo han llevado a un estado de olvido acerca de quién ha sido él y dónde ha estado. Esta información se recupera en Scientology, si el scientologist procesa específicamente hacia ella.

Cómo
Estudiar Scientology

Scientology:
Un Nuevo Punto de Vista sobre la Vida

L. Ronald Hubbard

"No cometas la equivocación
de criticar algo basándote en
si coincide o no con las opiniones
de algún otro. Lo que es pertinente
es si coincide o no con tu propia
opinión. ¿Está de acuerdo
con lo que tú piensas?".

Cómo Estudiar Scientology

Lo PRIMERO que un estudiante tiene que descubrir por sí mismo, y después reconocer, es que está tratando con herramientas de precisión. No es tarea de ningún otro obligarlo a aceptar esta información. Todo el tema de Scientology, en lo que respecta al estudiante, es bueno o malo en proporción directa a su conocimiento de ello. Es cosa del estudiante descubrir lo precisas que son estas herramientas. Debería, antes de comenzar a discutir, criticar o intentar mejorar los datos que se le presentan, descubrir por sí mismo si los mecanismos de Scientology son o no son como se afirman, y si esta hace o no hace lo que se ha declarado que hace.

Debería tomar una decisión acerca de cada cosa que se le enseña: el procedimiento, las técnicas, los mecanismos y la teoría. Debería hacerse estas preguntas: ¿existe este dato? ¿Es cierto? ¿Funciona? ¿Producirá los mejores resultados posibles en el menor tiempo?

Hay una manera de contestar estas preguntas a su propia satisfacción: encontrar las respuestas por sí mismo. Estas son fundamentales y cada estudiante debería emprender el descubrirlas él mismo, elevando así a Scientology por encima de una categoría autoritaria. No es suficiente que un instructor se plante ante él y declare la existencia de estas. Todos y cada uno de los estudiantes tienen que determinar por sí mismos si las afirmaciones del instructor son verdaderas o no.

Hay dos maneras en que los hombres aceptan normalmente las cosas, ninguna de ellas muy buena: una es aceptar una declaración porque la Autoridad dice que es verdadera y se tiene que aceptar. Y la otra es por preponderancia de acuerdo entre otras personas.

La preponderancia de acuerdo es demasiado a menudo la prueba del gran público para la cordura o la demencia. Supón que alguien entrara en una habitación abarrotada y de repente señalara al techo y dijera: "¡Oh, miren! ¡Hay una araña enorme de tres metros en el techo!". Todo el mundo miraría hacia arriba, pero nadie más vería la araña. Finalmente alguien se lo diría. "Oh, sí que la hay", declararía él, y se enfadaría mucho cuando encontrara que nadie estaba de acuerdo con él. Si siguiera manifestando su creencia en la existencia de la araña, muy pronto se encontraría a sí mismo internado.

La definición básica de *cordura* en esta sociedad algo nebulosamente erudita es si una persona está o no está de acuerdo con todas las demás. Es una manera muy descuidada de aceptar la evidencia, pero demasiado a menudo es el patrón de medición primario.

Y luego está la Regla de la Autoridad: "¿Está de acuerdo el Dr. J. Gámez con tu proposición? ¿No? Entonces, por supuesto, no puede ser cierta. El Dr. Gámez es una autoridad eminente en ese campo".

Hubo una época en que un hombre llamado Galeno dominó el campo de la medicina. Otro hombre llamado Harvey trastornó la conveniente posición de Galeno con una nueva teoría de la circulación sanguínea. Galeno había estado de acuerdo con la gente de su tiempo con respecto a las "mareas" de la sangre. No sabían nada sobre la actividad del corazón. Aceptaron todo lo que les habían enseñado y llevaron a cabo poca observación por sí mismos. Harvey trabajaba en la Real Academia de Medicina y descubrió por vivisección animal la verdadera función

del corazón. Tuvo el suficiente buen criterio de guardar absoluto silencio acerca de sus hallazgos durante un tiempo. Leonardo da Vinci de alguna forma había descubierto o postulado lo mismo, pero él era un "artista loco" y nadie creería a un artista. Harvey era miembro del público en una obra de Shakespeare en la que el autor hacía la misma observación, pero de nuevo la sensación de que los artistas nunca aportan nada a la sociedad impidió que todo el mundo excepto Harvey considerara esa afirmación como algo más que ficción.

Finalmente, Harvey hizo su anuncio. Inmediatamente, gatos muertos, fruta podrida y trozos de jarras de vino fueron lanzados en su dirección. Levantó una gran conmoción en los círculos médicos y sociales hasta que al final, en un acto de desesperación, un médico hizo la declaración histórica: "¡Prefiero estar equivocado con Galeno que tener razón con Harvey!".

El Hombre habría logrado un progreso de exactamente cero si este hubiera sido siempre el único método de evaluar las pruebas. Pero regularmente, aunque de vez en cuando, durante el progreso del Hombre, ha habido rebeldes que no estaban satisfechos con la preponderancia de opinión y que pusieron a prueba un hecho por sí mismos, observando y aceptando los datos de su observación, y luego poniéndolo a prueba otra vez.

Posiblemente el primer hombre que hizo un hacha de pedernal examinó un trozo de pedernal y decidió que la piedra irregular podía astillarse de cierta forma. Cuando descubrió que ese pedernal se astillaba fácilmente, debió de salir corriendo hacia su tribu y, entusiasmado, debió de tratar de enseñarle a los miembros de su tribu cómo hacer hachas de la forma que deseaban en lugar de pasarse meses buscando piedras que, de manera fortuita, fueran de la forma precisa. Lo más probable es que lo echaran del campamento a pedradas. Dejando volar la imaginación un poco más, no es difícil imaginar que finalmente se las arreglara para convencer a otro tipo de que su técnica funcionaba y que los dos ataran a un tercero con lianas y lo obligaran a observarlos hacer un hacha de pedernal astillando una piedra en bruto. Por último, después de convencer a quince o veinte miembros de la tribu con una demostración contundente, los seguidores de la nueva técnica le declararon la guerra al resto de la tribu y, tras ganar, obligaron a la tribu a estar de acuerdo por decreto.

LA EVALUACIÓN DE LOS DATOS

El Hombre nunca ha sabido mucho sobre aquello de lo que su mente está llena principalmente: datos. ¿Qué son los datos? ¿Qué es la evaluación de los datos?

Durante todos estos años en los que el psicoanálisis ha enseñado sus principios a cada generación de médicos se usó el método autoritario, como se puede verificar leyendo algunos de los libros sobre el tema. En ellos se encuentra, interminablemente: "Freud dijo...". Lo realmente importante no es que "Freud dijo" algo, sino: "¿Son valiosos los datos? Y si son valiosos, ¿qué tan valiosos son?". Podrías decir que un dato es tan valioso como haya sido evaluado. Un dato se puede demostrar en proporción a si puede ser evaluado por otros datos y su magnitud está determinada por cuántos otros datos clarifica. Por tanto, el mayor dato posible sería el que clarificara e identificara todo conocimiento conocido por el Hombre en el universo material.

Desafortunadamente, sin embargo, no existe nada como un Dato Primario. Tiene que haber no un dato, sino dos datos, pues un dato no sirve para nada a menos que pueda ser evaluado. Además, tiene que haber un dato de magnitud similar con el que evaluar cualquier dato dado.

Los datos son *tus* datos sólo mientras *tú* los hayas evaluado. Son tus datos por Autoridad o son tus datos. Si son tus datos por Autoridad, alguien te los ha impuesto. Por supuesto, si le hicieras una pregunta a un hombre que pensaras que sabía lo que tenía entre manos y te diera su respuesta, ese dato no se te impondría. Pero si te alejaras de él creyendo de ahí en adelante que ese dato existía sin tomarte la molestia de investigar la respuesta por ti mismo (sin compararlo con el universo conocido), no llegarías a terminar el ciclo de aprendizaje.

Mecánicamente, la cosa más incorrecta con respecto a la mente es, por supuesto, la turbulencia que contiene. Pero la sobrecarga de información en esta sociedad es la educación impuesta que al individuo nunca se le ha permitido comprobar. Literalmente, cuando te dicen que no aceptes la palabra de nadie como un dato absoluto, se te está pidiendo que rompas una pauta de conducta que te impusieron cuando eras niño. Tu instructor de Scientology podría haberte dicho lo que él encontró que era cierto e invitarte a que lo comprobaras por ti mismo. Pero a menos que lo hubieras comprobado, probablemente no tendrías los fundamentos de Scientology en mente lo bastante bien como para sentirte a gusto con el uso de cualquiera de las técnicas a tu disposición. Esa es la razón de que en Scientology se haga tanto hincapié en la teoría. El instructor te puede decir lo que él ha encontrado que es verdad y lo que otros han encontrado que es verdad, pero en ningún momento te debería pedir que lo aceptaras. Por favor déjame que te pida otra cosa: compruébalo por ti mismo y convéncete tú mismo de si existe o no como verdad. Y si encuentras que sí existe, te sentirás a gusto de ahí en adelante. De lo contrario, sin identificar ni siquiera por ti mismo, es probable que encuentres, abajo en el fondo de tu información y educación, una pregunta sin resolver que por sí sola minará tu capacidad de asimilar o practicar cualquier cosa del orden de una técnica. Tu mente no será tan ágil en el tema como debería ser.

Cualquier discrepancia que puedas tener con la teoría es algo que solo tú puedes resolver. ¿Es correcta la teoría o no es correcta? Sólo tú puedes contestar a eso. Nadie puede contestar por ti. Te pueden decir lo que otros han logrado en forma de resultados y lo que otros han observado, pero no puedes llegar a estar verdaderamente educado hasta que no hayas alcanzado los resultados por ti mismo. En cuanto un hombre abre la boca y pregunta: "¿Dónde está la ratificación?", puedes estar seguro de que estás mirando a un hombre muy estúpido. Ese hombre está diciendo, brusca y abruptamente: "No puedo pensar por mí mismo. Necesito una Autoridad". ¿Dónde podría buscar ratificación de manera alguna excepto en el universo físico y en su propia realidad subjetiva y objetiva?

UNA MIRADA A LAS CIENCIAS

Por desgracia, estamos rodeados de un mundo que se autodenomina un mundo de ciencia. Pero es un mundo que es, en realidad, un mundo de Autoridad. Cierto, lo que la ciencia es hoy día, está muy, muy avanzado con respecto al concepto hindú del mundo según el que un hemisferio descansaba sobre los lomos de siete elefantes que estaban sobre siete pilares que estaban sobre el lomo de una tortuga del fango bajo la cual había fango hasta el infinito.

La razón de que la ingeniería y la física hayan llegado a estar tan por delante de otras ciencias es el hecho de que plantean problemas que castigan al Hombre muy violentamente si no examina detenidamente el universo físico. Un ingeniero se enfrenta con el problema de perforar un túnel a través de una montaña para tender una línea férrea. Se ponen las vías que llegan hasta la montaña a ambos lados. Si juzga incorrectamente el espacio, las dos entradas del túnel no se encontrarían en el centro al mismo nivel. Sería tan evidente para todos los implicados que el ingeniero cometió un error que pone el mayor cuidado en no cometer tal error. Él observa el universo físico no sólo hasta el punto de que el túnel deba coincidir en una fracción de centímetro, sino hasta el punto de que si juzgara incorrectamente el carácter de la roca que perfora, el túnel se derrumbaría: un incidente que se consideraría un suceso muy desgraciado y desafortunado para la construcción de ferrocarriles.

La biología se acerca más que otras a ser una ciencia, porque, en el campo de la biología, si alguien comete una equivocación demasiado grande acerca de un virus o algo así, el resultado inmediato puede ser dramático y aterrador. Supón que a un biólogo se le encarga la responsabilidad de inyectar plancton en un depósito de agua. El plancton son "gérmenes" microscópicos que son muy útiles para el Hombre. Pero si, por una equivocación, el biólogo inyecta gérmenes tifoideos en el suministro de agua, habría un resultado inmediato y dramático.

Supón que a un biólogo se le encarga la tarea de producir un cultivo de levadura que, cuando se pusiera en la masa blanca del pan, tiñera el pan de marrón. Este hombre se enfrenta a la necesidad de crear una levadura que no sólo actúe como levadura, sino que sea también un tinte. Tiene que ocuparse del aspecto práctico del problema porque, después de que anuncie su éxito, está la "prueba de la levadura": ¿es el pan comestible? Y la "prueba del pan marrón": ¿es el pan marrón? Cualquiera podría hacer fácilmente la prueba y todo el mundo sabría rápidamente si el biólogo había tenido éxito o había fracasado.

A la política se le llama ciencia. Hay leyes naturales sobre la política. Se podrían desarrollar, si alguien quisiera de hecho aplicar una base científica a la investigación política.

En el campo de las humanidades, la ciencia ha ido completamente a la deriva. Sin cuestionarse, se han seguido principios autoritarios. Cualquier persona que acepte conocimiento sin cuestionarlo ni evaluarlo por sí misma está demostrando que ella misma está en apatía hacia esa esfera de conocimiento.

LOS FUNDAMENTOS

Cuando un hombre trata de erigir los planes de toda una vida o una profesión sobre datos que él mismo nunca ha evaluado, no puede tener éxito de ninguna manera.

Los fundamentos son muy, muy importantes, pero antes de nada uno tiene que aprender a pensar para estar absolutamente seguro de un fundamento. Pensar no es especialmente difícil de aprender. Consiste meramente en comparar un dato en particular con el universo físico tal y como se conoce y se observa.

Cuando hay una base autoritaria para tu educación, no estás verdaderamente educado. El autoritarismo es poco más que una forma de hipnotismo. El aprendizaje se obliga bajo amenaza de alguna forma de castigo. A un estudiante se le atiborra de datos que no se han evaluado individualmente, igual que un taxidermista rellenaría a una serpiente al disecarla. Un estudiante así estará bien informado y bien educado de acuerdo a los estándares actuales. Pero desafortunadamente, no tendrá mucho éxito en la profesión que haya elegido.

La indecisión subyace bajo una afirmación autoritaria. No permitas que tu educación descanse sobre las arenas movedizas de la indecisión.

Examina el tema de Scientology de manera muy crítica, no con la actitud con la que aprendiste cuando estabas en el colegio que tal y tal era verdad y como aprendiste eso primero, lo que se aprendió primero tiene precedencia.

No cometas la equivocación de criticar algo basándote en si coincide o no con las opiniones de algún otro. Lo que es pertinente es si coincide o no con *tu propia* opinión. ¿Está de acuerdo con lo que *tú* piensas?

Tómate el tiempo y el esfuerzo de hacer un completo examen de tu tema, introspectivamente y mediante observación. La manera difícil de hacerlo es sentarse y memorizar un millón de palabras: el método que emplean demasiados sistemas educativos en esta época. Mira a Scientology, estúdiala, cuestiónala y úsala, y habrás descubierto algo por ti mismo. Y al hacer eso, bien podrías descubrir mucho más. Las técnicas y las teorías son sumamente funcionales, ¡pero no son sumamente funcionales sólo porque nosotros lo digamos!

Así que el único consejo que puedo darte es que estudies Scientology por sí misma y la uses exactamente como se presenta; luego fórmate tus propias opiniones. Estúdiala con el propósito en mente de llegar a tus propias conclusiones con respecto a si los principios que has asimilado son correctos y funcionales. Compara lo que has aprendido con el

universo conocido. Busca las razones detrás de una manifestación y postula la manera y dirección en que la manifestación es probable que proceda. No permitas que la autoridad de ninguna persona ni escuela de pensamiento cree una conclusión formada de antemano dentro de tu esfera de conocimiento.

Sólo con estos principios de educación en mente puedes llegar a ser un individuo educado verdaderamente.

La Búsqueda del Hombre en pos de Su Alma

Scientology:
Un Nuevo Punto de Vista sobre la Vida

L. Ronald Hubbard

“Debo encarar el hecho
de que hemos alcanzado
ese punto de unión en que se
encuentran la ciencia y la religión,
y ahora debemos dejar de fingir
que sólo nos ocupamos
de metas materiales”.

Scientology:
Un Nuevo Punto de Vista sobre la Vida

La Búsqueda del Hombre en pos de Su Alma

Durante los incontables milenios del pasado, el Hombre ha estado dedicado a una búsqueda.

Todos los pensadores de todos los tiempos han aportado a esta sus opiniones y consideraciones. Ningún científico, filósofo o líder ha dejado de comentar sobre ella. Miles de millones de personas han muerto debido a una u otra opinión sobre el tema de esta búsqueda. Y ninguna civilización, poderosa o humilde, en la antigüedad o en los tiempos modernos, ha perdurado sin batallar por ella.

El alma humana, tanto para el hombre civilizado como para el bárbaro, ha sido una fuente inagotable de interés, atención, odio o adoración.

Decir que he encontrado la respuesta a todos los enigmas del alma sería inexacto y presuntuoso. Desestimar lo que he llegado a saber y no darlo a conocer después de observar sus beneficios sería un pecado de omisión contra el Hombre.

Tras décadas de investigación y reflexión, y tras años de actividad pública en que he observado este material en acción y sus resultados, puedo anunciar que en el conocimiento que he desarrollado deben de encontrarse las respuestas a ese enigma, a esa incógnita, a ese problema: el alma humana. Pues en mis manos y en las de otros, he visto lo mejor del Hombre rehabilitarse.

Durante todo el tiempo desde que hice un *Clear* por primera vez, he estado, con cierta reticencia, mucho más allá de cualquier ámbito del conocimiento científico. Debo encarar el hecho de que hemos alcanzado ese punto de unión en que se encuentran la ciencia y la religión, y ahora debemos dejar de fingir que sólo nos ocupamos de metas materiales.

No podemos ocuparnos del ámbito del alma humana e ignorar este hecho. El Hombre se ha entregado a esta búsqueda desde hace demasiado tiempo como para que su feliz culminación se vea refrenada por términos vagos y científicos.

La religión, no la ciencia, ha conducido esta búsqueda, esta guerra, a lo largo de los milenios. La ciencia no ha hecho más que devorar al Hombre con una ideología que niega el alma: un síntoma del fracaso de la ciencia en esa búsqueda.

No se puede traicionar ahora a los hombres de Dios que durante esos milenios del pasado intentaron sacar al Hombre de la oscuridad.

En Scientology, pertenecemos a las filas de los que buscan la verdad, y no a la retaguardia de los fabricantes de bombas atómicas.

Sin embargo, la ciencia también ha desempeñado su papel en estos empeños. Y la física nuclear, sea cual sea el crimen que cometa contra el Hombre, aún puede ser redimida al haber sido de ayuda para encontrar para el Hombre el alma de la que la ciencia no había hecho otra cosa que privarlo.

Ningún scientologist puede cerrar fácilmente los ojos a los resultados que él logra hoy en día ni dejar de ver que son superiores a las tecnologías materialistas que él utilizara en el pasado. Porque nosotros podemos saber, junto a todo lo demás que sabemos, que el alma humana, liberada, es el único agente terapéutico eficaz que poseemos.

Pero nuestras metas, sin importar los milagros que logremos en los cuerpos hoy en día, superan la salud física y hombres mejores.

Scientology es la ciencia de saber cómo saber. Nos ha enseñado que un hombre *es* su propia alma inmortal. Y no nos deja otra alternativa que anunciar al mundo, sin importar cómo este lo reciba, que la física nuclear y la religión se han dado la mano, y que nosotros, en Scientology, realizamos esos milagros que el Hombre ha anhelado a lo largo de toda su búsqueda.

El individuo podrá odiar a Dios o desdeñar a los sacerdotes. No puede ignorar, sin embargo, la prueba de que él es su propia alma. Así pues, hemos resuelto nuestro enigma y encontrado que la solución es sencilla.

L. Ronald Hubbard

Sobre la Mente y la Supervivencia

Sobre Nuestros Esfuerzos para Lograr la Inmortalidad

Scientology:
Un Nuevo Punto de Vista sobre la Vida

L. Ronald Hubbard

“La vida es un esfuerzo

interdependiente, cooperativo.

Todos y cada uno de los organismos vivos

tienen un papel que desempeñar en la

supervivencia de otros organismos”.

Sobre Nuestros Esfuerzos para Lograr la Inmortalidad

El universo físico consta de cuatro elementos: *materia, energía, espacio y tiempo.*

Según la física nuclear, la materia está compuesta de energía como son los electrones y protones. Y la energía y la materia existen en espacio y tiempo. Todo esto en realidad es muy sencillo. Así que no necesitamos ahondar mucho en ello para comprender que el universo en el que vivimos está compuesto de cosas simples colocadas y vueltas a colocar para crear muchas formas y manifestaciones.

La acera de concreto, el aire, los helados, los refrescos, los sueldos, los gatos, los reyes y los carboneros, básicamente están todos compuestos de materia, energía, espacio y tiempo. Y cuando están vivos contienen otro ingrediente: *vida.*

La vida es una energía de un tipo muy especial, que obedece a ciertas leyes diferentes de lo que normalmente consideramos energía, como lo es la electricidad. Pero la vida es una energía y tiene algunas propiedades peculiares.

La vida puede reunir y organizar la materia y la energía en el espacio y en el tiempo, y animarla. La vida toma algo de materia y energía y hace un organismo, como un organismo unicelular, un árbol, un oso polar o un hombre.

Luego, este organismo, todavía animado por la energía llamada vida, actúa más aún sobre la materia y la energía en el espacio y en el tiempo, y continúa organizando y animando materia y energía para formar nuevos objetos y formas.

Podría decirse que la vida se dedica a la conquista del universo físico. Se ha dicho que ¡la SUPERVIVENCIA! es el impulso primario de la vida. Con el fin de lograr la supervivencia, la vida tiene que continuar y triunfar en su conquista del universo físico.

Cuando la vida o un ser vivo no continúa esa conquista, deja de sobrevivir y sucumbe.

Tenemos aquí una acción gigantesca. La energía de la vida frente a la materia, la energía, el espacio y el tiempo. La vida frente al universo físico.

He aquí una enorme lucha: el universo físico caótico y desorganizado, capaz únicamente de ejercer fuerza, resistiendo la conquista de la vida, organizadora y persistente, capaz de razón.

La vida aprende las leyes del universo físico (materia, energía, espacio y tiempo), y luego vuelve esas leyes contra el universo físico para favorecer su conquista.

El Hombre ha invertido mucho tiempo en aprender lo que ha podido acerca del universo físico, como en las ciencias de la física y la química, pero, lo que es más importante, acerca de la lucha diaria de la vida contra el universo. No creas que un organismo unicelular no manifiesta un conocimiento de las reglas funcionales de la vida, porque sí lo hace. ¡Cuánto ingenio requiere organizar algunas sustancias químicas y luz solar para formar una unidad viva! El biólogo se queda boquiabierto ante el comportamiento experto de las células vivas más pequeñas. Observa estas entidades complicadas y cuidadosas, estas unidades microscópicas de formas de vida, y ni él mismo puede creer que todo esto sea accidental.

Por lo tanto, hay vida, una energía vital que no es exactamente como la energía del universo físico. Y luego hay seres vivos.

El ser vivo o el organismo, como lo es un cuerpo humano *vivo,* consiste en vida *más* materia, energía, espacio y tiempo del universo físico. Un cuerpo *muerto* consiste en materia, energía, espacio y tiempo del universo físico, *menos* energía vital. La vida estuvo ahí, organizó y luego se retiró del organismo, operación que conocemos como el ciclo de concepción, nacimiento, crecimiento, deterioro y muerte.

Aunque existen respuestas en cuanto a dónde va la vida cuando se retira y qué hace entonces, no necesitamos examinar eso ahora. Lo importante para un organismo vivo es el hecho de que está tratando de sobrevivir, obedeciendo al esfuerzo total de toda vida, y que para hacerlo debe tener éxito en su conquista del universo físico.

Dicho con sencillez, la vida debe acumular primero suficiente materia y energía para hacer un organismo (como lo es el cuerpo humano) y luego debe relacionar al organismo con organismos amistosos y cooperativos (como otras personas) y debe continuar procurándose materia y energía adicional para alimento, ropa y cobijo, con el fin de mantenerse. Además, para sobrevivir, debe hacer dos cosas específicas que, además de la necesidad de aliados, alimento, ropa y cobijo, son básicamente importantes.

La vida debe obtener placer.

La vida debe evitar el dolor.

La vida tiene un impulso activo que la separa del dolor; el dolor es contrario a la supervivencia, es destructivo y es la muerte en sí. El dolor es una advertencia de contra-supervivencia o muerte potencial.

La vida tiene un impulso activo hacia el placer. El placer puede definirse como la acción para la obtención o el logro de la supervivencia. El placer óptimo es una infinitud de supervivencia o inmortalidad, una meta inalcanzable para el organismo físico en sí (no para su vida), pero hacia la que tiende el organismo.

Por lo tanto, la felicidad podría definirse como superar obstáculos hacia una meta deseable. Se encontrará, si se inspecciona cuidadosamente, que cualquier meta deseable es una meta de supervivencia.

El exceso de dolor obstaculiza al organismo en pos de la supervivencia.

Demasiados obstáculos entre el organismo y la supervivencia equivalen a contra-supervivencia.

Por lo tanto, encontramos que la mente se ocupa de calcular o imaginar formas y maneras para evitar el dolor y alcanzar el placer y llevar a cabo soluciones. Y esto es todo lo que la mente hace:

Percibe, plantea y resuelve problemas relacionados con la supervivencia del organismo, de las generaciones futuras, del grupo, la vida y el universo físico, y lleva a cabo las soluciones.

Si resuelve la mayoría de los problemas que se le presentan, el organismo alcanza con ello un alto nivel de supervivencia. Si la mente del organismo fracasa en la solución de la mayoría de los problemas, entonces el organismo falla.

Por lo tanto, la mente tiene una clara relación con la supervivencia. Y con esto quiero decir toda la mente, no sólo el cerebro. El cerebro es una estructura. Puede considerarse que la mente es todo el ser, mortal e inmortal, la personalidad específica del organismo y todos sus atributos.

De modo que si la mente está funcionando bien, si está resolviendo los problemas que debe resolver, y si está llevando a cabo esas soluciones adecuadamente, la supervivencia del organismo está asegurada.

Si la mente no está funcionando bien, la supervivencia del organismo resulta cuestionable y dudosa.

Por lo tanto, si uno quiere dar la mayor garantía a su propia supervivencia, a la de su familia, las generaciones futuras, su grupo y la vida, su mente debe estar en excelente condición.

La mente trata de garantizar y dirigir acciones de supervivencia. Busca la supervivencia, no sólo para el organismo (uno mismo), sino que también la busca para la familia, los hijos, las generaciones futuras y la totalidad de la vida. Así pues, se le puede embotar selectivamente. Es posible embotar a una mente con respecto a la supervivencia de sí misma, y aún así estar viva en lo que se refiere a la supervivencia de generaciones futuras. Se le puede embotar con respecto a grupos, y sin embargo estar muy viva en cuanto a su responsabilidad hacia el organismo (uno mismo). Con el fin de funcionar bien, la mente no debe estar embotada en ninguna dirección.

Para funcionar bien, la mente debe concebirse capaz de manejar el universo físico de materia, energía, espacio y tiempo dentro de las necesidades del organismo, la familia, las generaciones futuras y los grupos, al igual que la vida.

La mente debe ser capaz de evitar el dolor y descubrir el placer para sí misma, las generaciones futuras, la familia y el grupo, al igual que para la vida en sí.

Cuando la mente fracasa en cuanto a evitar el dolor y descubrir el placer, también fracasan el organismo, la familia, las generaciones futuras, el grupo y la vida.

El que un organismo de un grupo no logre resolver problemas de la supervivencia adecuadamente es, en parte, un fracaso para todo el grupo. Por lo tanto: "¡No mandes a buscar por quién doblan las campanas; doblan por ti!".

La vida es un esfuerzo interdependiente, cooperativo. Todos y cada uno de los organismos vivos tienen un papel que desempeñar en la supervivencia de otros organismos.

Cuando se trata de una mente racional, como lo es la del Hombre, el organismo debe ser capaz de actuar independientemente para su propia supervivencia y la supervivencia de otros. Sin embargo, para poder lograr esas supervivencias, una mente debe ser capaz de concebir soluciones que sean óptimas, no sólo para sí misma, sino para todas las otras cosas relacionadas con su supervivencia.

Por tanto, la mente de un organismo debe llegar a acuerdos con las mentes de otros organismos, con el fin de que todos puedan sobrevivir al nivel más elevado posible.

Cuando una mente llega a estar entorpecida y embotada, comienza a calcular soluciones deficientemente. Empieza a estar confusa sobre sus metas. No está segura sobre lo que realmente intenta hacer. Involucrará e inhibirá la supervivencia de otros organismos. Por ejemplo, puede empezar a calcular que ella debe sobrevivir y que únicamente ella es importante, y así descuidar la supervivencia de otros. Esta es una actividad contraria a la supervivencia. Es altamente aberrada.

Una mente que empieza a "sobrevivir" únicamente para sí misma, y que empieza a reducir y controlar con fuerza a otros organismos a su alrededor, lleva ya más de la mitad del camino hacia su propia muerte. Es una mente que está menos que medio viva. Tiene menos de la mitad de su verdadero potencial. Su percepción del universo físico es deficiente. No se da cuenta de que, para poder sobrevivir, depende de la cooperación de otros. Ha perdido su misión de supervivencia. Esta mente ya se está dirigiendo hacia la muerte, ha rebasado su punto más alto y de hecho llevará a cabo acciones personales que la llevarán a su propia muerte.

La vida, en toda su amplitud, se sirve de la muerte del organismo. Cuando un organismo ya no puede continuar bien, el plan de la vida es matarlo e invertir una vez más en un nuevo organismo.

La muerte es la acción de la vida para deshacerse de un organismo inútil e indeseado, para que puedan nacer y florecer nuevos organismos.

La vida en sí no muere. Únicamente muere el organismo físico. Al parecer, ni siquiera muere una personalidad. La muerte, por lo tanto, es ciertamente un concepto que se limita a la muerte de la parte física del organismo. La vida y la personalidad, aparentemente, continúan. La parte física del organismo cesa de funcionar. Y eso es la muerte.

Cuando un organismo alcanza un punto en que sólo está consciente a medias, en que percibe la mitad de bien de lo que debería, en que está funcionando sólo la mitad de bien de lo que debería funcionar, comienza la muerte. Después de esto, el organismo actuará para apresurar la muerte. Esto lo hace "inconscientemente". Sin embargo, en su estado aberrado, una mente así también llevará la muerte a otros organismos. Por lo tanto, un organismo medio consciente es una amenaza para otros. Aquí se encuentra el propenso a accidentes, el fascista, la persona que trata de dominar, la persona egoísta y la persona que ve sólo por ella misma. Aquí tenemos un organismo camino a la extinción.

Cuando un organismo llega a un punto en el que solamente está vivo en una tercera parte, consciente en una tercera parte, está percibiendo únicamente una tercera parte de lo que podría percibir. La vida apresura aún más la muerte de este organismo y de los que lo rodean. Aquí está el suicida; aquí está la persona que continuamente está enferma, la que se niega a comer.

Los organismos destinados a morir a veces necesitan años y años para morir. Porque el organismo experimenta resurgimientos y todavía tiene un ligero deseo de continuar viviendo. Y otros organismos le ayudan a vivir. Es arrastrado por la marea de la vida aun cuando su dirección individual es hacia la muerte; la muerte para otros, la muerte para el propio organismo y la muerte para el universo físico que lo rodea.

La sociedad, cuya mayoría está empeñada en la supervivencia, deja de reconocer o se niega a reconocer a la muerte o al impulso que lleva a los organismos hacia ella. La sociedad promulga leyes contra el asesinato y el suicidio. La sociedad proporciona hospitales. La sociedad lleva a esa gente sobre sus espaldas. Y no quiere saber nada sobre la eutanasia o "matar por misericordia".

Los organismos que han rebasado el punto medio adoptarán medidas y medios extraordinarios para producir la muerte de otros, de las cosas y de sí mismos. Aquí tenemos a los Hitlers, a los criminales y al destructivamente neurótico.

Dale a una persona que haya rebasado este punto un auto para que lo conduzca, y el auto puede verse involucrado en un accidente. Dale dinero, y el dinero irá destinado a comprar cosas que no ayuden a la supervivencia.

Pero no debemos poner énfasis en lo dramático y olvidar lo importante, como lo hacen los periódicos. La acción y el impulso hacia la muerte se vuelven notorios, únicamente cuando son muy dramáticos, pero son más peligrosos en sus formas no dramáticas.

Una persona que ha rebasado el punto medio, siempre acarrea la muerte a pequeña escala a cosas y personas. Una casa que se deja sucia, citas que no se cumplen, ropa que no se cuida, chismes malignos, críticas maliciosas hacia otros "por su propio bien"; todas estas cosas son enturbulaciones que acarrean el fracaso; y demasiados fracasos acarrean la muerte.

Y no se debe suponer que con "el punto medio" se quiere decir la mitad del camino de la vida. Significa estar medio consciente, medio vivo, medio, (o menos que medio) perceptivo y racional. Un niño puede ser suprimido hacia este nivel por sus padres y por la escuela. Y en verdad, los niños caen muy comúnmente por debajo del punto medio, tal es la derrota a la que llegan ante su entorno en su competencia con la vida. La edad no es un punto de referencia, pero sí lo es la salud física.

La manifestación más segura de que alguien ha rebasado el punto medio es su estado físico. Los que están crónicamente enfermos ya lo han rebasado.

Por lo tanto, si se pretende tener una sociedad segura, si se quiere liberar a la sociedad de sus factores de muerte, se debe tener algún medio ya sea para destruir a los que le acarrean la muerte (los Hitlers, los dementes, los criminales), o bien se debe tener algún medio de salvar a esas personas y hacerlas regresar a un estado de plena consciencia.

La plena consciencia significaría pleno reconocimiento de las responsabilidades propias, de su relación con otros, del cuidado de sí mismos y de la sociedad.

¿Cómo puede lograrse algo así? Si se pudiera lograr, se podría elevar un orden social a alturas hasta ahora inalcanzables. Se podrían vaciar las prisiones y los manicomios. Se podría hacer un mundo demasiado cuerdo para la guerra, y se podría sanar a la gente que nunca antes había tenido medios para lograr la salud. Y podría hacerse feliz a la gente que nunca antes había sabido en realidad lo que es la felicidad. Si se pudiera restaurar la vitalidad de esa gente, podría elevarse la buena voluntad y la eficiencia de todos los hombres y de todos los órdenes sociales.

Para saber cómo se puede restaurar, hay que saber cómo se reduce la consciencia, la vitalidad, el deseo de vivir.

Sobre Elevar Nuestro Nivel de Consciencia

Scientology:
Un Nuevo Punto de Vista sobre la Vida
L. Ronald Hubbard

"La vitalidad

del vivir, de buscar niveles

más altos de supervivencia,

es la vida en sí".

Sobre Elevar Nuestro Nivel de Consciencia

El dolor acumulado suprime a un organismo y lo conduce hacia la muerte.

En un gran impacto arrollador, el dolor produce la muerte inmediata.

En pequeñas dosis a lo largo de una vida, el dolor suprime gradualmente al organismo conduciéndolo hacia la muerte.

¿Qué es el dolor?

El dolor es una advertencia de pérdida. Es un sistema automático de alarma, instalado en los organismos vivos, que informa al organismo que alguna parte de él o su totalidad está bajo estrés y más vale que el organismo actúe, o morirá.

La señal del dolor significa que el organismo está cerca de una fuerza o un objeto destructivo. No hacer caso del dolor es morir. El dolor es el látigo que retira al organismo de estufas calientes y temperaturas bajo cero; el dolor es la amenaza de contra-supervivencia, el castigo por errores cometidos al tratar de sobrevivir.

Y el dolor siempre es pérdida. Un dedo quemado significa que el cuerpo ha perdido las células en la superficie de ese dedo. Están muertas. Un golpe en la cabeza significa la muerte de las células del cuero cabelludo y otras de la zona. Así, se le advierte al organismo en general de la proximidad de una fuente de muerte, y por lo tanto trata de retirarse de ahí.

La pérdida de un ser amado es también una pérdida de supervivencia. La pérdida de una posesión es también pérdida de potencial de supervivencia. Entonces, uno confunde el dolor físico y la pérdida de organismos u objetos de supervivencia. Y por tanto, existe lo que se llama "dolor mental".

Pero la vida, en su competencia total con el universo físico, no soporta el fracaso. Un organismo que es tan imprudente como para permitir que lo golpeen demasiado fuerte y así lo lleven a la inconsciencia, permanece cercano al objeto que produce dolor. Si ese organismo fracasa tan notablemente al sobrevivir, se considera que va contra la supervivencia.

La inconsciencia que se experimenta como resultado de un golpe o una enfermedad es una breve imagen de lo que sucede a lo largo de una vida.

¿Hay alguna diferencia, exceptuando el tiempo, entre estas dos cosas?

> Un golpe produce inconsciencia, de la cual resulta la muerte.
>
> Los golpes acumulados a lo largo de una vida producen una disminución gradual de la consciencia, la cual resulta finalmente en la muerte.

Una es más lenta que la otra.

Uno de los descubrimientos básicos fue que la inconsciencia, y todo el dolor que va con ella, se almacenan en una parte de la mente; y que este dolor e inconsciencia se acumulan hasta causar que el organismo comience a morir.

Otro descubrimiento fue que este dolor se puede anular o borrar y con ello devolver una consciencia plena y una rehabilitación que conduce hacia la supervivencia.

En otras palabras, se hace posible cancelar la inconsciencia y dolor acumulados a lo largo de años, y restaurar la salud y la vitalidad de un organismo.

El dolor físico y la pérdida acumulados reducen la consciencia, reducen la salud física y reducen las ganas de vivir hasta tal punto que el organismo busca la muerte en forma activa, aunque a menudo solapadamente.

Borra o anula el dolor físico, las pérdidas de una vida, y la vitalidad retorna.

La vitalidad del vivir, de buscar niveles más altos de supervivencia, es la vida en sí.

Se descubrió que el cuerpo humano era extremadamente capaz de repararse cuando se cancelaban los recuerdos de dolor almacenados. Se descubrió además que, mientras el dolor almacenado permanecía ahí, la atención médica proporcionada a las llamadas afecciones psicosomáticas, como son la artritis, el reumatismo, la dermatitis y miles más, no lograba resultados permanentes. La psicoterapia, al no tener conocimientos sobre el almacenamiento del dolor y sus efectos, descubrió hace mucho tiempo que se podía eliminar una enfermedad de un paciente sólo para que surgiera otra. Y la psicoterapia se volvió una escuela derrotista porque no podía hacer nada permanente a favor de los aberrados o los enfermos, aun cuando podía hacer un poco para aliviarlos. Por lo tanto, *todos* los esfuerzos por dar a los hombres vitalidad y salud se volvieron inciertos, porque no se había descubierto ni comprobado el motivo por el que estos eran ineficaces y se enfermaban.

Con estos nuevos descubrimientos, fue posible erradicar la aberración y la enfermedad, porque se hizo posible erradicar o anular el dolor acumulado en los bancos de almacenaje de dolor del cuerpo sin aplicar más dolor, como en la cirugía.

Por lo tanto, la consciencia depende de la ausencia, anulación o erradicación de recuerdos de dolor físico, porque la inconsciencia es parte de ese dolor; es uno de sus síntomas.

Por ejemplo, la artritis de la rodilla es la acumulación de todas las lesiones en la rodilla que hubo en el pasado. El cuerpo confunde el tiempo y el entorno con el tiempo y el entorno en que la rodilla realmente se lastimó, así que mantiene ahí el dolor. Los fluidos del cuerpo evitan la zona del dolor. Por lo tanto se produce una acumulación llamada artritis. La prueba de esto es que cuando se localizan y descargan las lesiones de la rodilla que hubo en el pasado, la artritis cesa, no toma su lugar ninguna otra lesión y la persona termina con la artritis de la rodilla. Y esto sucede en diez casos de diez, exceptuando los casos en que la edad y el deterioro físico están tan avanzados hacia la muerte que ya se ha rebasado el punto crítico.

Por ejemplo, un corazón que está mal. La persona siente dolor en el corazón. Puede tomar medicina u otra dieta o hacer vudú y seguir teniendo un corazón enfermo. Si se encuentra y se erradica una verdadera lesión física del corazón, este dejará de doler y se pondrá bien.

Nada es más fácil que probar estos principios. Un buen auditor (profesional que practica Scientology) puede hacerse cargo de una mujer de treinta y ocho años de edad, destrozada y llena de pesar, echar fuera todos sus periodos pasados de dolor físico y mental, y presentar a alguien que aparenta tener veinticinco años; y unos veinticinco años prometedores y alegres.

Claro que es increíble. También lo es una bomba atómica, un poco de plutonio, que puede borrar del mapa a toda una ciudad.

Una vez que se conocen los principios básicos de la vida, y el hecho de que actúa como energía, se puede devolver la vida a los enfermos, los debilitados y los suicidas en potencia.

Y lo que es aún más importante que tratar a quienes están muy enfermos, mental o físicamente, se puede interrumpir la espiral descendente de un hombre que todavía está alerta y bien, para que después no se enferme tanto. Y uno puede tomar a la persona que se considera normal y enviar su estado de ser hasta niveles de esplendor y éxito que hasta ahora no habían sido posibles.

Al restaurarse la plena consciencia en un individuo, se estará restaurando el total de su potencial de vida.

Y esto se puede hacer ahora.

L. Ronald Hubbard

Sobre los Fundamentos de la Vida y el Vivir

Las
Ocho Dinámicas

Scientology:
Un Nuevo Punto de Vista sobre la Vida

L. Ronald Hubbard

"Al examinar la confusión que es
la vida o la existencia para la mayoría
de las personas, se pueden descubrir
ocho divisiones principales".

Las Ocho Dinámicas

Al examinar la confusión que es la vida o la existencia para la mayoría de las personas, se pueden descubrir ocho divisiones principales.

Podría decirse que existen ocho impulsos (empujes, ímpetus) en la vida.

A estos los llamamos *dinámicas*.

Son motivos o motivaciones.

Los llamamos *las ocho dinámicas*.

Aquí no se piensa ni se afirma que ninguna de estas ocho dinámicas sea más importante que las demás. Aunque son categorías (divisiones) del amplio juego de la vida, no son forzosamente iguales entre sí. Se verá, entre los individuos, que cada persona pone más énfasis en una de las dinámicas que en las demás, o puede poner más énfasis en que una combinación de dinámicas sea más importante que otras combinaciones.

El propósito de establecer esta división es aumentar la comprensión de la vida distribuyéndola en compartimentos. Una vez subdividida la existencia de esta forma, se puede inspeccionar cada compartimento (como tal y por sí mismo) en su relación con los demás compartimentos de la vida.

Para resolver un rompecabezas, es necesario empezar por tomar las piezas de color y tipo similares y colocarlas en grupos. Al estudiar un tema, es necesario avanzar de una manera ordenada.

Para fomentar este orden, es necesario adoptar (para nuestros fines) estos ocho compartimentos arbitrarios de la vida.

La Primera Dinámica es el impulso hacia la existencia como uno mismo. Aquí tenemos la individualidad expresada plenamente. A esta se le puede llamar la *Dinámica de Uno Mismo.*

La Segunda Dinámica es el impulso hacia la existencia como actividad sexual. Esta dinámica tiene en realidad dos divisiones. La Segunda Dinámica (a) es el acto sexual en sí. Y la Segunda Dinámica (b) es la unidad familiar, incluyendo la crianza de los hijos. A esta se le puede llamar la *Dinámica del Sexo.*

La Tercera Dinámica es el impulso hacia la existencia en grupos de individuos. Cualquier grupo, o parte de una clase completa, podría considerarse una parte de la Tercera Dinámica. La escuela, la sociedad, la ciudad y la nación son cada una de ellas *parte* de la Tercera Dinámica, y cada una *es* una Tercera Dinámica. A esta se le puede llamar la *Dinámica de Grupo.*

La Cuarta Dinámica es el impulso hacia la existencia como Humanidad o de la Humanidad. Mientras que una raza podría considerarse una Tercera Dinámica, a todas las razas se les consideraría la Cuarta Dinámica. A esta se le puede llamar la *Dinámica de la Humanidad.*

La Quinta Dinámica es el impulso hacia la existencia del reino animal. Esto incluye a todas las criaturas vivas, ya sean vegetales o animales, los peces del mar, las bestias del campo o del bosque, la hierba, los árboles, las flores o cualquier cosa que esté animada directa e íntimamente por la *vida.* A esta se le puede llamar la *Dinámica Animal.*

La Sexta Dinámica es el impulso hacia la existencia como el universo físico. El universo físico se compone de Materia, Energía, Espacio y Tiempo. En Scientology tomamos la primera letra de cada una de estas palabras (en inglés, *Matter, Energy, Space, Time*) y creamos una palabra: MEST. A esta se le puede llamar la *Dinámica del Universo.*

La Séptima Dinámica es el impulso hacia la existencia como espíritus o de los espíritus. Todo lo espiritual, con o sin identidad, entraría en el apartado de la Séptima Dinámica. A esta se le puede llamar la *Dinámica Espiritual.*

La Octava Dinámica es el impulso hacia la existencia como infinito. También se le identifica como el Ser Supremo. Se llama la Octava Dinámica porque el símbolo del infinito, ∞, en posición vertical es el número 8. A esta se le puede llamar la *Dinámica del Infinito* o *de Dios.*

Los scientologists normalmente les llaman por su número.

Otra manifestación de estas dinámicas es que como mejor se les podría representar es como una serie de círculos concéntricos, donde la Primera Dinámica sería el centro, y cada nueva dinámica sería, sucesivamente, un círculo alrededor de él.

La característica básica del individuo incluye su capacidad para expandirse así hacia las otras dinámicas.

Como ejemplo del uso de estas dinámicas, nos damos cuenta de que un bebé, al nacer, no percibe más allá de la Primera Dinámica. Pero conforme el niño crece y se amplían sus intereses, puede verse que el niño abarca otras dinámicas.

Como un ejemplo más sobre su uso, una persona que es incapaz de funcionar en la Tercera Dinámica es, de inmediato, incapaz de formar parte de un equipo, y podría decirse entonces que es incapaz de llevar una existencia social.

Como comentario adicional sobre las ocho dinámicas, ninguna de estas dinámicas de la uno a la siete es más importante que ninguna de las otras en lo referente a orientar al individuo.

Las capacidades y deficiencias de los individuos pueden comprenderse examinando su participación en las diversas dinámicas.

El Triángulo de Afinidad, Realidad y Comunicación

Scientology:
Un Nuevo Punto de Vista sobre la Vida

L. Ronald Hubbard

"El Triángulo de A-R-C es
la piedra angular de las asociaciones
en la vida. Este triángulo es el
denominador común de todas
las actividades de la vida".

EL TRIÁNGULO DE AFINIDAD, REALIDAD Y COMUNICACIÓN

HAY UN TRIÁNGULO de considerable importancia en Scientology, y la capacidad de usarlo nos proporciona una comprensión mucho mayor de la vida.

El *Triángulo de A-R-C* es la piedra angular de las asociaciones en la vida. Este triángulo es el denominador común de todas las actividades de la vida.

El primer vértice del triángulo se llama *afinidad*.

La definición básica de afinidad es "la consideración de distancia, ya sea buena o mala". La función más elemental de la afinidad absoluta sería la capacidad de ocupar el mismo espacio que alguna otra cosa.

La palabra afinidad se emplea aquí para indicar "amor, agrado o cualquier otra actitud emocional". En Scientology, se concibe que la afinidad es algo con muchas facetas. La afinidad es una cualidad variable. La palabra afinidad se usa aquí en el sentido general de "nivel de agrado".

En el apartado de afinidad tenemos los diversos tonos emocionales, dispuestos del más alto al más bajo, y estos son en parte:

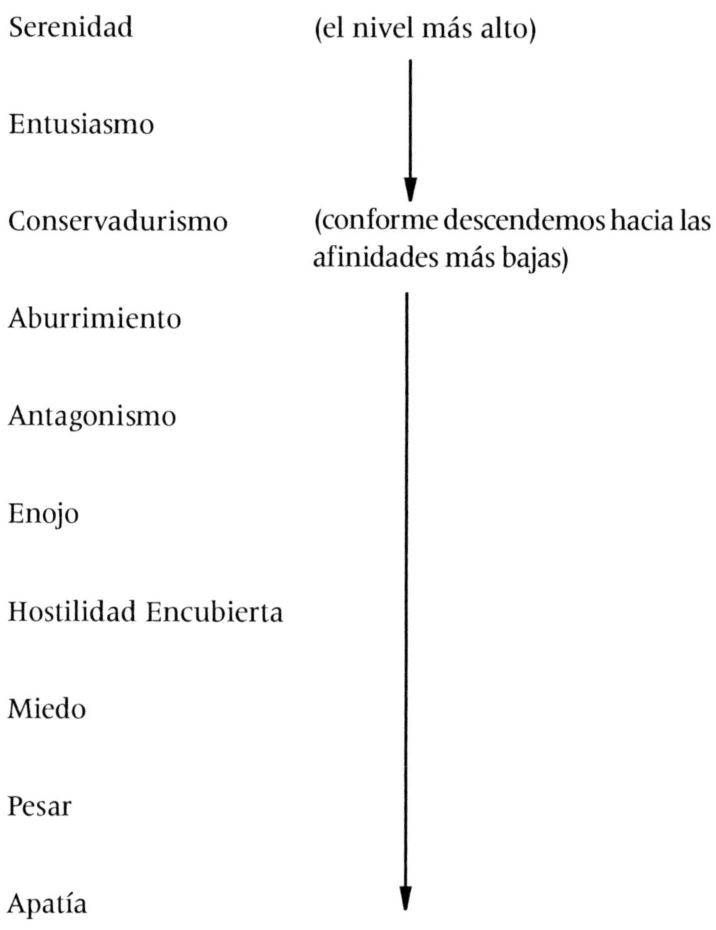

(A esto, en Scientology, se le llama la *Escala Tonal*).

Por debajo de Apatía, la afinidad pasa a adoptar estados sólidos, como la materia. La afinidad se concibe que está compuesta primero de pensamiento, luego de emoción que contiene partículas de energía, y después como un sólido.

El segundo vértice del triángulo es la *realidad.*

La realidad podría definirse como "lo que parece ser". La realidad es, básicamente, acuerdo. Lo que estamos de acuerdo en que es real, es real.

El tercer vértice del triángulo es la *comunicación.*

Para comprender la composición de las relaciones humanas en este universo, la comunicación es más importante que los otros dos vértices del triángulo. La comunicación es el solvente de todas las cosas (disuelve todas las cosas).

La interrelación en el triángulo resulta evidente de inmediato al preguntar: "¿Alguna vez has intentado hablar con un hombre enojado?". Sin un alto nivel de agrado y sin cierta base de acuerdo, no hay *comunicación.* Sin comunicación y cierta base de respuesta emocional, no puede haber *realidad.* Sin cierta base para el acuerdo y sin comunicación, no puede haber *afinidad.* Por lo tanto, a estas tres cosas les llamamos *triángulo.* A menos que tengamos dos vértices de un triángulo, no puede existir un tercer vértice. Si uno desea cualquier vértice del triángulo, se deben incluir los otros dos.

Se concibe que el triángulo es muy espacioso en el nivel de Serenidad, y está totalmente condensado en el nivel de materia. Por lo tanto, para representar una escala que se pueda usar, dibujaríamos un gran triángulo en la parte superior de la escala y triángulos cada vez más pequeños, reduciéndose hasta convertirse en un punto en la parte más baja de la escala.

La Afinidad, la Realidad y la Comunicación son la base de la Escala Tonal de Scientology que proporciona una predicción del comportamiento humano.

Como ya se ha indicado, el triángulo no es equilátero (todos los lados iguales). La afinidad y la realidad son mucho menos importantes que la comunicación. Podría decirse que el triángulo comienza con la comunicación, la cual da origen a la afinidad y la realidad.

A-R-C es *comprensión*.

Para mantener una comunicación intensa y eficiente con alguien, debe haber alguna base para el acuerdo, debe haber cierto agrado por la persona, y entonces puede existir comunicación. Puede verse, entonces, que el mero "hablar" y "escribir" al azar, sin conocimiento de esto, no sería necesariamente comunicación. La comunicación es esencialmente "algo que se envía y que se recibe". Tanto la intención de enviar como la intención de recibir deben estar presentes, en cierto grado, antes de que pueda tener lugar una auténtica comunicación. Por lo tanto, uno podría tener condiciones que parecieran ser comunicaciones que no lo fueran.

El Triángulo de A-R-C, original de Scientology (al igual que todos estos conceptos), una vez comprendido, es un instrumento o arma sumamente útil en las relaciones humanas. Por ejemplo: entre las leyes del Triángulo de A-R-C, para que una comunicación se reciba debe aproximarse al nivel de afinidad de la persona a quien va dirigida. A medida que las personas descienden por la Escala Tonal, resulta más y más difícil comunicarse con ellas, y las cosas con las que estarán de acuerdo se hacen más y más sólidas. Así, tenemos conversaciones amistosas en lo alto de la escala y guerra en la parte más baja. Cuando el nivel de afinidad es odio, el acuerdo es materia sólida, y la comunicación… *balas*.

R
A
C

El Porqué

Scientology:
Un Nuevo Punto de Vista sobre la Vida
L. Ronald Hubbard

“Aunque el Hombre continuamente usa ‘¡Libertad!’ como grito de guerra, sólo consigue establecer un mayor atrapamiento para sí mismo. La razón de esto es muy sencilla”.

EL PORQUÉ

COMO MEJOR SE PUEDE comprender la vida es comparándola con un *juego*.

Puesto que ocupamos una posición exterior respecto a un gran número de juegos, podemos observarlos con imparcialidad. Si estuviéramos ocupando una posición exterior respecto a la vida, en lugar de estar implicados e inmersos en vivirla, esta nos parecería muy similar a como nos parecen los juegos desde nuestro estratégico punto de vista actual.

A pesar de la cantidad de sufrimiento, dolor, desdicha, aflicción y tribulaciones que puede haber en la vida, la razón de existir es la misma que uno tiene para jugar un juego: interés, competición, actividad y posesión. La verdad de esta afirmación se establece mediante la observación de los elementos de los juegos y aplicando después estos elementos a la vida en sí. Cuando hacemos esto, descubrimos que no falta nada en el panorama de la vida.

Con juego queremos decir "competición entre una persona y otra, o entre un equipo y otro". Cuando decimos juegos, queremos decir juegos como el béisbol, el polo, el ajedrez o cualquier otro pasatiempo de este tipo.

En algún momento puede haberte causado extrañeza que los hombres se arriesgaran a lesionarse en el campo de juego, tan sólo por "diversión". Así que podría sorprenderte que la gente siga viviendo o se meta en el "juego de la vida", exponiéndose a toda la aflicción, la agonía y el dolor, sólo por tener "algo que hacer". Evidentemente, no existe peor maldición que la inactividad total. Por supuesto, existe la condición en la que una persona continúa jugando un juego que ya no le interesa.

Si tan sólo miras a tu alrededor en la sala y descartas los objetos que no te interesan, descubrirás algo notable. En poco tiempo encontrarás que no hay nada en la sala que no te interese. Todo te interesa. Sin embargo, el desinterés en sí es uno de los mecanismos del juego. Para ocultar algo, sólo es necesario hacer que todos se desinteresen del lugar donde está oculto el objeto. El desinterés no es un resultado inmediato de un interés que se ha desgastado. El desinterés es un bien en sí mismo. Es palpable. Existe.

Estudiando los elementos de los juegos, nos encontramos en posesión de los elementos de la vida.

La vida es un juego.

Un juego consiste de *libertad, barreras* y *propósitos*.

Este es un hecho científico, no meramente una observación.

Existe libertad entre las barreras. Una totalidad de barreras y una totalidad de libertad, por igual, son "condiciones sin juego". Ambas son igualmente crueles. Ambas carecen igualmente de propósito.

Los grandes movimientos revolucionarios fracasan. Prometen libertad sin límite. Ese es el camino hacia el fracaso. Sólo los visionarios estúpidos entonan la salmodia de la libertad sin fin. Sólo el temeroso y el ignorante hablan de barreras ilimitadas e insisten en ellas.

Cuando la relación entre la libertad y las barreras se desequilibra demasiado, el resultado es infelicidad.

La "libertad de" está muy bien sólo mientras haya un lugar *hacia* el que ser libre. Un deseo interminable de "libertad de" es una trampa perfecta, un miedo a todas las cosas.

Las barreras están compuestas de ideas, espacio, energía, masas y tiempo que inhiben (limitan). La libertad, en su totalidad, sería una ausencia absoluta de estas cosas. Pero también sería una libertad sin pensamiento ni acción: una infeliz condición de nothingness (condición de nada) total.

Cuando está fijo en demasiadas barreras, el Hombre anhela ser libre. Pero si se precipita a una libertad total, no tiene propósito y es desdichado.

Hay "libertad entre" barreras. Si se conocen las barreras y se conocen las libertades, puede existir la vida, el vivir, la felicidad, un juego.

Las restricciones de un gobierno o de un empleo le dan al empleado su libertad. Sin restricciones conocidas, un empleado es un esclavo condenado a los temores de la incertidumbre en todas sus acciones.

Los ejecutivos de las empresas y del gobierno pueden fracasar de tres maneras y producir así un caos en su departamento. Puede que:

1. Parezcan dar libertad sin límite.
2. Parezcan proporcionar barreras sin límite.
3. No hagan que ni la libertad ni las barreras se conozcan con certeza.

La competencia de un ejecutivo, por tanto, consiste en imponer y hacer cumplir un equilibrio adecuado entre la libertad de su gente y las barreras de la sección, *y* en ser preciso y consecuente respecto a esas libertades y barreras. Un ejecutivo así, con añadir sólo en sí mismo iniciativa y propósito, puede tener un departamento con iniciativa y propósito.

Un empleado que crea y/o insista en "sólo libertad", se volverá un esclavo. Conociendo los hechos anteriores, debe insistir en un equilibrio funcional entre libertad y barreras.

Un examen de las dinámicas demostrará la posibilidad de una combinación de equipos. Dos Dinámicas de Grupo pueden participar conjuntamente entre sí como equipos. La Dinámica de Uno Mismo puede aliarse con la Dinámica Animal contra, digamos, la Dinámica del Universo, y así tener un juego. En otras palabras, las dinámicas son un esbozo de los posibles equipos e interacciones. Como todo el mundo participa en varios juegos, un examen de las dinámicas le indicará y le clarificará los diversos equipos en los que está jugando y aquellos contra los que está jugando. Si un individuo puede descubrir que sólo está jugando en la Dinámica de Uno Mismo y que no pertenece a ningún otro equipo, es seguro que este individuo perderá. Pues tiene ante sí las siete dinámicas restantes, y la Dinámica de Uno Mismo rara vez es capaz de superar, por sí sola, a todas las otras dinámicas. En Scientology, llamamos a esta condición el "único". Aquí está el Auto-determinismo con el aspecto de determinismo-*Egoísta*. Y aquí hay un individuo que sin ninguna duda estará abrumado. Para disfrutar de la vida, uno tiene que estar dispuesto a ser en alguna medida parte de la vida.

En Scientology hay un principio llamado *Pan-determinismo*.

Esto se podría definir, *grosso modo*, como "determinar simultáneamente las actividades de dos o más lados de un juego".

Por ejemplo: una persona que está jugando al ajedrez está siendo Auto-determinada y está jugando al ajedrez contra un oponente. Una persona que es Pan-determinada en el tema del ajedrez podría jugar en ambos lados del tablero.

Un ser es Pan-determinado en relación con cualquier juego con respecto al cual él sea *superior*. Sólo es Auto-determinado en un juego con respecto al cual sea *subordinado*.

Por ejemplo: un general de un ejército es Pan-determinado respecto a una disputa entre dos soldados o incluso dos compañías que estén bajo su mando. Él es Pan-determinado en este caso. Pero cuando se enfrenta a otro ejército liderado por otro general, se vuelve Auto-determinado. Se podría decir que, de esta manera, el juego es *mayor* que él. El juego resulta aún mayor cuando el general trata de desempeñar los papeles de todos los dirigentes políticos que deberían estar por encima de él. Esta es la razón principal de que la dictadura no funcione. Es casi imposible que un solo hombre sea Pan-determinado con respecto a todo el sistema de juegos que forman una nación. Empieza a "tomar partido" y entonces, en esa medida, se vuelve mucho *menos* que el gobierno que está tratando de dirigir.

En épocas pasadas estuvo de moda insistir sólo en la libertad. La Revolución Francesa proporciona un excelente ejemplo de esto. A finales del siglo XVIII, la nobleza francesa se volvió tan Auto-determinada frente al resto del país, y fue tan incapaz de tomar partido por el pueblo, que los nobles fueron aniquilados. Inmediatamente, el pueblo mismo trató de asumir el control del gobierno. Y al estar aleccionado para sentir una profunda hostilidad por todo tipo de restricciones, su grito de guerra se convirtió en "¡Libertad!". Ya no tenía restricciones ni barreras. Se dejaron de lado las reglas del gobierno. El robo y el bandolerismo sustituyeron a la economía. El pueblo, por tanto, se encontró en una trampa más profunda y descubrió que estaba implicado en una dictadura que era mucho más restrictiva que cualquier cosa que hubieran experimentado antes de la revolución.

Aunque el Hombre continuamente usa "¡Libertad!" como grito de guerra, sólo consigue establecer un mayor atrapamiento para sí mismo. La razón de esto es muy sencilla. Un juego consta de libertad *y* barreras *y* propósitos. Cuando el Hombre abandona la idea de las restricciones o de las barreras, de inmediato pierde el *control* de las barreras. Se vuelve Auto-determinado con respecto a las barreras y no Pan-determinado. Por tanto, no puede controlar las barreras. Las barreras, al quedar sin control, lo atrapan de inmediato ahí mismo.

Cuando el Hombre elude las barreras se produce inmediatamente la "espiral descendente". Si considera que todas las restricciones y barreras son sus enemigas, se está negando, por supuesto, a controlarlas en modo alguno, e inicia así su propia espiral descendente.

A una raza que está educada para pensar en términos de "sólo libertad", se le atrapa con mucha facilidad. Nadie en la nación se responsabilizará de las restricciones. Por lo tanto, las restricciones aparentemente son cada vez menos. En realidad, cada vez son más y más. Conforme disminuyen estas restricciones, disminuye la libertad del individuo. No se puede ser libre de una pared a menos que exista una pared. Al carecer de toda restricción, la vida se vuelve algo sin propósito, fortuito, caótico.

Un buen directivo debe ser capaz de responsabilizarse de las restricciones. Dado que la libertad, para existir, debe tener barreras, un fracaso a la hora de tomar la iniciativa en el tema de las restricciones o las barreras hace que estas surjan por sí mismas y que existan sin consentimiento ni dirección.

Existen diversas actitudes que producen felicidad. La actitud que sólo insiste en la libertad no puede producir más que infelicidad. Sería mejor desarrollar una pauta de pensamiento que buscara nuevas formas de ser atrapado y cosas en las que estar atrapado, que padecer el completo atrapamiento final de obsesionarse con "sólo libertad". El hombre que está dispuesto a aceptar restricciones y barreras, y no las teme, es *libre*. El hombre que no hace más que luchar contra las restricciones y las barreras, por lo general resultará *atrapado*. La forma de tener una guerra sin fin es "abandonar" toda guerra.

Como puede verse en cualquier juego, los propósitos llegan a contraponerse. En casi todos los juegos de dos equipos en un campo, existe una situación de propósito-contrapropósito. Un equipo tiene la idea de alcanzar la portería del otro, y el otro tiene la idea de alcanzar

la portería del primero. Sus propósitos están en conflicto, y este enfrentamiento de propósitos constituye un juego.

El conflicto de propósitos nos da lo que llamamos *problemas*.

Un problema tiene la anatomía de los propósitos. Un problema consta de dos o más propósitos opuestos. No importa a qué problema te enfrentes o te hayas enfrentado, la anatomía básica de ese problema es propósito-contrapropósito.

En pruebas auténticas que se han realizado en Scientology, se ha descubierto que los problemas empiezan a hacer sufrir a una persona cuando no tiene suficientes. Existe una vieja máxima (dicho) que dice que si quieres que algo se haga, dáselo a una persona ocupada para que lo haga. Similarmente, si quieres tener un allegado feliz, asegúrate de que sea una persona que pueda tener muchos problemas.

De esto tenemos la singularidad de una alta incidencia de neurosis en las familias de los ricos. Estas personas tienen muy poco que hacer y muy pocos problemas. Ya tienen resueltos los problemas básicos de alimento, ropa y vivienda. Si fuera cierto que la felicidad de un individuo sólo dependiera de su libertad, supondríamos entonces que estas personas serían felices. Sin embargo, no lo son. ¿Cuál es el origen de su infelicidad? Es la falta de problemas.

Aunque el éxito del procesamiento en Scientology dependería de tener en cuenta los tres elementos de los juegos (y de hecho, ese es el secreto para mejorar a la gente: tener en cuenta la libertad, las barreras y los propósitos, y equilibrarlos), es verdad que podrías hacer que un hombre se pusiera bien con tan sólo sentarte con él y pedirle que "inventara problemas", uno tras otro. Se descubriría que la invención de problemas artificiales liberaría su mente y haría que fuera más capaz. Desde luego, hay otro factor implicado en esto: como es *él* quien está inventando los problemas, se está volviendo, entonces, Pan-determinado con respecto a los problemas, en vez de estar en un lugar con todos los problemas en su contra.

Alguien que esté tramando continuamente cómo "escaparse de las cosas" será desdichado. Alguien que esté tramando cómo "involucrarse en las cosas" tiene muchas más oportunidades de llegar a ser feliz.

Por supuesto, existe la cuestión de verse obligado a jugar juegos en los que no se está interesado. Un excelente ejemplo de esto es una guerra para la cual se recluta a alguien a la fuerza. Uno no está interesado en los propósitos de la guerra y, sin embargo, se encuentra combatiendo en ella. Por consiguiente, debe de haber un elemento adicional.

Y este elemento es *el poder de elección*.

Podría decirse, entonces, que la vida es un juego y que la capacidad de jugar un juego consiste en tolerar la libertad y las barreras, y en una profunda comprensión de los propósitos, con poder de elección sobre la participación.

Estos cuatro elementos *(libertad, barreras, propósitos* y *poder de elección)* son los elementos que guían la vida.

Este es, entonces, el panorama general de la vida. Y al centrar la atención en la vida y hacerla menos confusa, se utilizan estos elementos para comprenderla.

L. Ronald Hubbard

Sobre el Trabajo y el Éxito

Cómo Manejar las Confusiones del Mundo del Trabajo Cotidiano

Scientology:
Un Nuevo Punto de Vista sobre la Vida

L. Ronald Hubbard

"La confusión es la causa básica de la estupidez. Para el estúpido, todas las cosas, excepto las muy sencillas, son confusas. Por lo tanto, si uno conociera la anatomía de la confusión, no importa cuán listo fuera, sería más listo".

Cómo Manejar las Confusiones del Mundo del Trabajo Cotidiano

A uno pueden hacerle creer que hay algo confuso respecto a planear su propia carrera en el mundo laboral. Y la confusión existe para aquel que no esté equipado con guías y mapas.

Básicamente, todo parecía muy sencillo en lo que se refiere a esto que llamamos trabajo y conseguir un empleo. Uno se capacitaba en algún oficio y leía un anuncio o por recomendación de algún amigo se entrevistaba para obtener un empleo. Lo obtenía y después se presentaba todos los días y hacía las tareas asignadas y, conforme pasaba el tiempo, tenía esperanzas de lograr un aumento de sueldo. Y el paso de más tiempo traía consigo la esperanza de una pensión o de un sistema gubernamental que pagara prestaciones en la edad avanzada. Y ésa era la sencilla norma.

Pero los tiempos cambian y las normas sencillas tienen el hábito de deteriorarse. Entran en juego los diversos incidentes y accidentes del destino. Completamente aparte de factores personales, otros puntos de vista más amplios alteran las cosas. El gobierno deja de otorgar suficientes fondos para pensiones al economizar a gran escala.

La empresa para la que uno trabaja queda hecha añicos debido a un periodo de depresión. O nuestra salud nos falla de manera inexplicable y el único recurso que nos queda es la caridad.

El trabajador en su mundo del trabajo cotidiano no es ningún gigante imponente entre sus muchos adversarios. El "camino de oropel" que los "agitadores" describen tan halagadoramente, el gran afecto que siente por el trabajador esta o aquella ideología o personalidad política, no reflejan los hechos. Un hombre que trabaja en un empleo se encara a dificultades bastante grandes para él, no importa lo pequeñas que pudieran parecerle a un industrial de éxito. El incremento de unos cuantos puntos porcentuales en los impuestos podría significar que en adelante, deba abstenerse de placeres simples. El que la empresa atraviese tiempos difíciles, podría tener como resultado una disminución de sueldo, y ese sería el fin de cualquier lujo e incluso de algunas necesidades; o del empleo.

Siendo el efecto de corrientes internacionales, gobiernos, tendencias empresariales y mercados, todos generalmente más allá de su incumbencia, el trabajador tiene perfecto derecho a creer que su destino no es del todo predecible. De hecho, hasta podría tener derecho a estar confuso.

Un hombre puede morirse de hambre en pocos días. Pocos trabajadores tienen muchos días de margen en sus bolsillos si cambian los vientos. Así, muchas cosas, que no serían un gran problema para quienes están muy seguros, son contempladas como amenazas por el trabajador. Y pueden llegar a ser tantas que toda la vida parece ser demasiado confusa como para soportarla, y uno se hunde en una apatía de rutina diaria, sin mucha esperanza, confiando en que la próxima tormenta, con suerte, pase de largo.

Cuando se observan los numerosos factores que podrían trastornar la vida y minar la seguridad, la impresión es que la "confusión" parece estar bien fundada. Y puede decirse con verdad que todas las dificultades son fundamentalmente confusiones. Si se presenta

suficiente amenaza, suficiente desconocimiento, un hombre agacha la cabeza y trata de atravesarlos a ciegas. Las confusiones lo han vencido.

Suficientes problemas no resueltos forman una gigantesca confusión. De vez en cuando, en su empleo, suficientes órdenes contradictorias llevan al trabajador a un estado de confusión. Una planta moderna puede estar dirigida de manera tan deficiente que todo parece ser una vasta confusión para la cual no existe respuesta posible.

La suerte es la respuesta usual a la cual se acude en una confusión. Si las fuerzas que rodean a una persona parecen demasiado grandes, siempre puede "contar con su suerte". Por suerte queremos decir "destino no guiado personalmente". Cuando uno suelta el volante de un automóvil y espera que este se mantenga por suerte en la carretera, a menudo queda desilusionado. Y así es en la vida. Aquello que se deja a la suerte tiene menos posibilidades de solucionarse por sí solo.

Hemos visto a algún amigo cerrar los ojos ante los cobradores y apretar los dientes mientras espera ganar en las carreras y resolver todos sus problemas. Hemos conocido personas que manejaron así su vida durante años. De hecho, uno de los grandes personajes de Dickens tenía como única filosofía "esperar a que algo surja". Pero la suerte, aun aceptando que de hecho *es* un elemento potente, sólo es necesaria cuando se está en medio de una fuerte corriente de factores confusos. Si uno debe tener *suerte* para salir de apuros, se deduce que ya no está al control de su propio volante. Y se deduce también que está ante una confusión.

Una confusión puede definirse como "cualquier conjunto de factores o circunstancias que no parecen tener ninguna solución inmediata".

Más ampliamente:

Una confusión en este universo es movimiento aleatorio.

Si estuvieras de pie en medio de un tráfico muy intenso probablemente te sentirías confuso con todo el movimiento que pasaría zumbando a tu alrededor. Si estuvieras de pie en una gran tormenta con hojas y papeles volando a tu alrededor, probablemente te sentirías confuso.

¿Es posible comprender realmente una confusión? ¿Existe algo como una "anatomía de la confusión"? Sí, existe.

Si como operadora de un conmutador telefónico te llegaran diez llamadas al mismo tiempo, podrías sentirte confundida. Pero, ¿hay alguna respuesta a la situación?

Si como encargado del taller tuvieras tres emergencias y un accidente todos al mismo tiempo, te podrías sentir confundido. Pero, ¿hay alguna respuesta para eso?

Una confusión es una confusión únicamente mientras *todas* las partículas estén en movimiento. Una confusión es una confusión únicamente mientras *ningún* factor se defina ni se comprenda claramente.

La confusión es la causa básica de la estupidez. Para el estúpido, todas las cosas, excepto las muy sencillas, son confusas. Por lo tanto, si uno conociera la anatomía de la confusión, no importa cuán listo fuera, sería más listo.

Si alguna vez te ha tocado enseñar a algún joven aspirante que no era demasiado listo, comprenderás esto bien. Intentas explicar cómo funciona esto o aquello. Lo repasas una, otra y otra vez. Luego lo dejas solo y rápidamente comete una verdadera torpeza. Él "no comprendió", "no lo captó". Puedes simplificar tu comprensión de su incomprensión diciendo muy acertadamente que: "Él estaba confuso".

El noventa y nueve por ciento de la educación fracasa, cuando fracasa, porque el estudiante estaba confuso. Y no solamente en el ámbito laboral, sino en la vida misma. Cuando llega el fracaso, proviene, de una manera u otra, de la confusión. Para aprender sobre la maquinaria o sobre cómo vivir la vida, uno tiene que ser capaz de enfrentar la confusión o bien de deshacerla.

En Scientology, tenemos cierta doctrina respecto a la confusión. Se llama:

La Doctrina del Dato Estable.

Si vieras una gran cantidad de hojas de papel girando rápidamente en una habitación, parecerían confusas hasta que escogieras *una* de ellas como *la* hoja de papel respecto a la cual todo lo demás estaría en movimiento. En otras palabras, un movimiento confuso se puede comprender concibiendo que algo está inmóvil.

En una corriente de tráfico, todo sería confusión a menos que concibieras que *un* auto estuviera inmóvil respecto a los demás para ver entonces a los demás en relación con el primero.

La operadora del conmutador telefónico, que recibe diez llamadas a la vez, resuelve la confusión clasificando (correcta o incorrectamente) *una* llamada como la primera que recibirá su atención. La confusión de "diez llamadas a la vez" se vuelve menos confusa en el instante en que ella selecciona una llamada para contestarla.

El encargado del taller, que se enfrenta a tres emergencias y un accidente, sólo necesita elegir su *primer* objetivo de atención para comenzar el ciclo de volver a poner orden.

Mientras no se seleccione *un* dato, *un* factor, *un* elemento en una confusión de partículas, la confusión continúa. *Aquello* que se selecciona y se utiliza se vuelve el *dato estable* para el resto.

De manera más particular y exacta, cualquier cuerpo de conocimiento se construye a partir de *un dato*. Ese es su *dato estable*. Invalídalo y todo el conjunto de conocimientos se desmorona. Un dato estable no tiene que ser el dato correcto. Es simplemente el que impide que las cosas estén en una confusión y de acuerdo al cual se alinean otros.

Ahora bien, si al enseñarle a un joven aspirante a usar una máquina, él no comprendió tus instrucciones, fue porque le faltaba un dato estable. Era necesario hacer que entendiera primero *un hecho*. Al comprenderlo, podría comprender otros. Por lo tanto, un individuo es estúpido, o está confuso en cualquier situación confusa mientras no haya comprendido completamente *un hecho* o *un elemento*.

Las confusiones, no importa cuán grandes y formidables puedan parecer, se componen de datos, factores o partículas. Tienen partes. Toma *una* parte o localízala completamente. Entonces ve cómo las demás funcionan en relación con esa, y habrás introducido estabilidad en la confusión. Y relacionando *otras* cosas con lo que has tomado, pronto habrás dominado la confusión por completo.

Al enseñarle a un chico a manejar una máquina, no le lances un torrente de datos para luego señalarle sus errores, para él eso es una confusión que le hace responder de forma estúpida. Encuentra algún punto de entrada a su confusión, *un dato*. Dile: "Esta es una máquina". Es posible que todas las instrucciones le fueran lanzadas a alguien que no tuviera una certeza real, un orden verdadero en la existencia. "Esta es una máquina", dices. Entonces haz que esté seguro de ello. Haz que la sienta, que juguetee con ella, que la manipule. "Esta es una máquina" le dices. Te sorprendería cuánto tiempo puede llevar; pero también te sorprendería cuánto aumenta su certeza. De entre todas las complejidades que debe aprender para usarla, primero debe conocer *un dato*. Ni siquiera es importante *cuál* dato aprenda bien primero, aparte de que es mejor enseñarle un *dato básico sencillo*. Puedes enseñarle lo que hace la máquina, puedes explicarle el producto final, puedes decirle por qué *él* ha sido seleccionado para trabajar con esta máquina. *Pero tienes* que hacer que un dato básico le resulte claro o estará perdido en la confusión.

La confusión es *incertidumbre*. La confusión es *estupidez*. La confusión es *inseguridad*. Cuando pienses en incertidumbre, estupidez e inseguridad, piensa en confusión y lo habrás aprendido a la perfección.

¿Qué es, entonces, la *certeza*? La falta de confusión. ¿Qué es, entonces, la *inteligencia*? La capacidad para manejar la confusión. ¿Qué es, entonces, la *seguridad*? La capacidad de pasar a través de la confusión, de rodearla o de introducir orden en ella. Certeza, inteligencia y seguridad son *la ausencia de* confusión o *la capacidad de manejar* la confusión.

¿Cómo encaja la suerte en la confusión? La suerte es la esperanza de que algún hecho fortuito e incontrolado haga que uno salga adelante. Contar con la suerte es abandonar el control. Eso es apatía.

Existe "buen control" y "mal control". La diferencia entre ellos es *certeza* e *incertidumbre*. El buen control es seguro, positivo, predecible. El mal control es inseguro, variable e impredecible. Con buen control, se puede tener certeza. Con mal control, nunca se tiene.

Un capataz que hace que una regla esté en vigor hoy pero no mañana, que hace obedecer a Jorge, pero no a Jaime, está ejerciendo mal control. Ese capataz deja a su paso incertidumbre e inseguridad, sin importar cuáles pudieran ser sus atributos personales.

En vista de que puede haber tanto control incierto y estúpido, algunos de nosotros comenzamos a creer que todo control es malo. Pero esto dista mucho de ser verdad. El control es necesario para introducir orden en las confusiones. Uno tiene que ser capaz de controlar las cosas, su cuerpo, sus pensamientos, por lo menos hasta cierto punto, para poder hacer cualquier cosa.

Una confusión podría llamarse una "aleatoriedad incontrolada". Sólo aquellos que son capaces de ejercer cierto control sobre esa aleatoriedad pueden manejar las confusiones. Aquellos que no pueden ejercer control de hecho generan confusiones.

La diferencia entre el buen y el mal control se vuelve entonces más obvia. Aquí, la diferencia entre bueno y malo, está en el *grado*. Otros pueden predecir un control concienzudo y positivo. Por lo tanto es buen control. Un control no positivo y descuidado no puede predecirse. Por lo tanto es mal control. La intención también tiene algo que ver con el control. El control puede usarse para propósitos constructivos o para propósitos destructivos. Pero descubrirás que cuando se *pretenden* fines destructivos, se usa mal control.

Así pues, hay mucho respecto a todo este tema de la *confusión*. Tal vez te parezca un poco extraño que la confusión misma se utilice aquí como un objetivo, pero encontrarás que es un excelente denominador común de todo lo que consideramos maligno en la vida. Si alguien puede llegar a dominar las confusiones, su atención se libera para la actividad *constructiva*. Mientras las confusiones lo estén confundiendo, lo único en que puede pensar son cosas *destructivas;* lo que *más* quiere hacer es destruir la confusión.

Así que primero aprendamos a destruir las confusiones. Y encontramos que esto es bastante sencillo.

Cuando *todas* las partículas parecen estar en movimiento, detén una partícula y mira cómo las demás se mueven en relación a *ella* y entonces encontrarás que hay menos confusión presente. Al adoptar *una* de ellas como *dato estable,* se puede hacer que otras se alineen. Así, una emergencia, una máquina, un empleo o la vida en sí se pueden observar y comprender y uno puede ser libre.

Echemos un vistazo a cómo funciona esto. Uno puede manejar todo este problema (como lo hace la gente la mayoría de las veces) introduciendo en el problema el único dato: "Yo puedo conseguir y conservar un empleo". Aferrándose a esto como única creencia, las confusiones e inseguridades de la vida se vuelven menos efectivas, menos confusas.

Pero supongamos que alguien ha hecho esto: sin investigar más el problema, el individuo, siendo joven, apretó los dientes, cerró los ojos y dijo: "Yo puedo conseguir y conservar un empleo pase lo que pase. Por lo tanto, ya no me voy a preocupar acerca de las cuestiones económicas de la existencia". Bueno, eso estuvo bien.

Más adelante, sin previo aviso, lo despiden. Está diez semanas sin empleo. Entonces aun cuando consiga un nuevo empleo, se siente menos seguro, con menos confianza. Y digamos que después ocurre un accidente y vuelve a quedarse sin empleo. Al estar desempleado nuevamente, vuelve a sentirse todavía con menos confianza, menos seguro. ¿Por qué?

Echemos un vistazo al lado opuesto de esta Doctrina del Dato Estable. Al hacerlo, nos enteramos de que las confusiones pierden su eficacia cuando se tienen datos estables y que cuando se desestabiliza el dato estable, la confusión se presenta de nuevo.

Concibamos una confusión como si estuviera detenida. Todavía está dispersa, pero está detenida. ¿Qué la detuvo? La adopción de un dato estable. Digamos que era muy molesto para alguien que su suegra estuviera en casa. Un día, después de una discusión, él salió hecho una furia y en un momento de inspiración se dijo: "Todas las suegras son malas".

Esa fue una decisión. Eso, correcta o incorrectamente, fue un dato estable adoptado en una confusión. De inmediato se sintió mejor. Ahora podía manejar el problema o sobrellevarlo. Sabía que "Todas las suegras son malas". No era verdad, pero era un dato estable.

Entonces, un día, cuando el individuo está en problemas, su suegra interviene con una lealtad a toda prueba, y no sólo paga el alquiler sino también la otra deuda. Él enseguida se siente muy confuso. Este acto de amabilidad no debería ser algo que introdujera una confusión. Después de todo, ¿no había resuelto ella el problema? Entonces, ¿por qué se siente trastornado al respecto? *Porque se ha desestabilizado el dato estable.* Toda la confusión del problema anterior entró de nuevo en acción pues se demostró la falsedad del dato estable.

Para confundir a cualquiera, lo único que tienes que hacer es localizar sus datos estables e invalidarlos. Mediante crítica o mediante pruebas, sólo es necesario hacer que estos pocos datos estables se desestabilicen para volver a poner en acción todas las confusiones de una persona.

Como puedes ver, los datos estables no tienen que ser *ciertos*. Simplemente se *adoptan*. Una vez adoptados, otros datos se observan en relación con ellos. Así el adoptar *cualquier* dato estable tiende a anular la confusión que se está abordando. *Pero* si el dato estable se desestabiliza, se invalida, o se demuestra que es falso, entonces la persona se queda de nuevo con la confusión. Por supuesto, lo único que tiene que hacer es adoptar un nuevo dato estable o volver a colocar en su lugar el dato estable antiguo. Pero tendría que conocer Scientology para lograr esto con facilidad.

Digamos que alguien no siente temor alguno respecto a la economía nacional gracias a una personalidad política heroica que está haciendo todo lo que puede. Ese hombre es el dato estable de todas las confusiones de este individuo respecto a la economía nacional. Por eso "no está preocupado". Pero un día, las circunstancias o sus enemigos políticos lo desestabilizan como dato. "Demuestran" que en realidad era deshonesto. Entonces la persona vuelve a preocuparse por la economía nacional.

Quizás adoptaste cierta filosofía porque el orador parecía un tipo tan agradable. Luego alguna persona te demuestra cuidadosamente que el orador de hecho era un ladrón o algo peor. Adoptaste la filosofía porque necesitabas algo de paz en tus pensamientos. Entonces, el invalidar al orador haría regresar de inmediato la confusión a la que te enfrentabas originalmente.

Muy bien. Cuando éramos jóvenes, echamos un vistazo a la confusión del mundo del trabajo cotidiano, y la mantuvimos a raya diciendo con determinación: "Yo puedo conseguir y conservar un empleo". Ese fue el dato estable. Sí conseguimos un empleo. Pero nos despidieron. La confusión del mundo del trabajo cotidiano se volvió entonces muy confusa. Si sólo tenemos ese único dato estable, "Yo puedo conseguir y conservar un empleo", como respuesta total a todos los diversos problemas del trabajo, entonces con seguridad vamos a pasar algunos periodos confusos en la vida laboral. Un dato estable mucho, mucho mejor sería: "Comprendo la vida y los empleos. Por tanto puedo conseguirlos, conservarlos y mejorarlos".

El Hombre Que Triunfa

Scientology:
Un Nuevo Punto de Vista sobre la Vida

L. Ronald Hubbard

"Un trabajador no es sólo un trabajador. Un obrero no es sólo un obrero. Un oficinista no es sólo un oficinista. Son pilares importantes que viven y respiran y sobre los que se erige toda la estructura de nuestra civilización. No son engranajes de una imponente máquina. Son la máquina en sí".

El Hombre Que Triunfa

Las condiciones del éxito son pocas y se dicen fácilmente.

Los empleos en realidad no se conservan, invariablemente, por caprichos del destino ni por la fortuna. Aquellos que dependen de la suerte generalmente experimentan mala suerte.

La capacidad para conservar un empleo depende principalmente de la capacidad. Uno tiene que ser capaz de controlar su trabajo y tiene que ser capaz de ser controlado al hacer su trabajo. También tiene que ser capaz de dejar ciertas áreas sin control. La inteligencia de una persona se relaciona directamente con su capacidad. No existe eso de ser demasiado inteligente. Pero sí existe el ser demasiado estúpido.

Pero uno puede ser capaz e inteligente sin tener éxito. Una parte vital del éxito es la capacidad para manejar y controlar no sólo las herramientas que uno usa en el trabajo, sino a la gente que tiene alrededor. Para hacerlo, uno tiene que ser capaz de un nivel muy alto de afinidad, tiene que ser capaz de tolerar realidades masivas, y también tiene que ser capaz de dar y recibir comunicación.

Los ingredientes del éxito son entonces, primero, una capacidad para confrontar el trabajo con alegría y no con horror, un deseo de hacer el trabajo por el trabajo en sí, no porque uno "deba tener un sueldo". Uno tiene que ser capaz de trabajar sin forzarse o sin experimentar niveles profundos de agotamiento. Si alguien los experimenta, algo está mal en él. Hay algún elemento en su entorno que debería estar controlando que no está controlando. O sus lesiones acumuladas son tales que hacen que huya de todas las personas y las masas con las que debería estar en íntimo contacto.

Los ingredientes del trabajo exitoso son entrenamiento y experiencia en el tema que se aborda, buena inteligencia en general y capacidad, aptitud para tener una alta afinidad, una tolerancia de la realidad, y la capacidad de comunicar y recibir ideas.

Si se tiene todo esto, sólo queda un ligero margen para el fracaso. Si un hombre tiene todo esto, puede ignorar todas las casualidades de nacimiento, matrimonio o fortuna, porque el nacimiento, el matrimonio y la fortuna no son capaces de poner estos ingredientes necesarios en sus manos.

Alguien podría tener todo el dinero del mundo y sin embargo ser incapaz de llevar a cabo una hora de trabajo honesto. Ese hombre sería miserablemente desdichado.

La persona que cuidadosamente evita el trabajo por lo general trabaja mucho más tiempo y más arduamente que el hombre que placenteramente lo confronta y lo hace. Los hombres que no pueden trabajar no son hombres felices.

El trabajo es el dato estable de esta sociedad. Sin algo que hacer, no existe nada para lo cual vivir. Un hombre que no puede trabajar vale lo mismo que si estuviera muerto, y por lo general prefiere la muerte y trabaja para conseguirla.

Con Scientology, los misterios de la vida no son tan misteriosos hoy en día. El misterio no es un ingrediente necesario. Sólo el hombre

muy aberrado desea que se le oculten grandes secretos. Scientology se ha abierto paso a través de muchas de las complejidades que se han erigido ante los hombres y ha puesto al descubierto la esencia misma de estos problemas. Por primera vez en la historia del Hombre, Scientology puede predeciblemente elevar la inteligencia, incrementar la capacidad y lograr que se recupere la capacidad para jugar un juego, y le permite al Hombre escapar de la espiral descendente de sus propias incapacidades. Por lo tanto, el trabajo en sí puede volver a ser otra vez algo agradable y placentero.

Hay algo que se ha aprendido en Scientology y que es muy importante para el estado de ánimo del trabajador. Muy a menudo uno siente, en la sociedad, que está trabajando por la paga inmediata y que no logra nada importante para la sociedad en general. Hay varias cosas que desconoce. Una de ellas es que hay muy *pocos* que sean buenos trabajadores. A nivel ejecutivo, es interesante observar cuán *verdaderamente* valioso es para una compañía el hombre que puede manejar y controlar empleos y hombres. Estos individuos son escasos. Todo el vacío en la estructura de este mundo del trabajo cotidiano se encuentra en la parte superior.

Hay otro punto de gran importancia. Y es el hecho de que ciertas filosofías mentales creadas para traicionar al mundo lo han conducido hoy a la creencia de que cuando uno muere, todo se ha acabado y terminado, y que ya no se tiene responsabilidad por nada. Es muy dudoso que esto sea verdad. Uno hereda mañana aquello por lo que murió ayer.

Otra cosa que sabemos es que los hombres no son prescindibles. Es un mecanismo de filosofías antiguas decirles a los hombres que "Si creen que son indispensables, deberían ir al cementerio y observar que esos hombres también eran indispensables". Esto es absolutamente ridículo. Si realmente observaras con cuidado en el cementerio, encontrarías al ingeniero que estableció los modelos de antaño, y sin los cuales no habría industria hoy. Es dudoso que una hazaña similar se esté llevando a cabo en este momento.

Un trabajador no es sólo un trabajador. Un obrero no es sólo un obrero. Un oficinista no es sólo un oficinista. Son pilares importantes que viven y respiran y sobre los que se erige toda la estructura de nuestra civilización. No son engranajes de una imponente máquina. Son la máquina en sí.

Hemos llegado a un bajo nivel de capacidad para trabajar. Las oficinas muy a menudo dependen sólo de uno o dos hombres y el personal adicional sólo parece añadir complejidad a las actividades del escenario. Los países avanzan por la producción de sólo unas cuantas fábricas. Es como si al mundo lo estuviera manteniendo unido un puñado de hombres desesperados que, al trabajar hasta la muerte, puede que mantengan en marcha al resto del mundo.

Pero, una vez más, puede que no lo hagan.

Es a ellos a quienes se dedica esto.

Un Grupo Verdadero

"Cualquier miembro del grupo tiene derecho a exigir el mayor y más elevado nivel de los ideales, razón fundamental y ética del grupo y a exigir que estos se mantengan. Un grupo verdadero le debe a cada uno de sus miembros los medios de subsistencia y una oportunidad para sus futuras generaciones".

Un Grupo Verdadero

Un grupo verdadero es aquel que tiene ideales, ética, razón fundamental y una dinámica para llevar adelante sus ideales y su razón fundamental según el estándar de ética que ha elegido.

El primer derecho de cualquier grupo verdadero es el derecho a sobrevivir.

Todos los grupos deben tener metas. Sólo el deterioro de las metas del grupo o la consecución de todas las metas del grupo puede producir el declive del grupo o de los individuos del mismo. Le corresponde por lo tanto a cualquier grupo tener un conjunto de metas postuladas que sean metas continuas, que tenga una meta mayor que no se pueda alcanzar por completo en un abrir y cerrar de ojos, sino que también tenga metas menores que vayan en progresión hacia metas mayores que vayan en progresión hacia metas mayores superiores.

El grupo tiene perfecto derecho a exigir la ayuda, vida o, en un sentido continuo, la energía y lealtad de cualquier miembro del grupo. Cualquier miembro del grupo tiene derecho a exigir el mayor y más elevado nivel de los ideales, razón fundamental y ética del grupo y a exigir que estos se mantengan. Un grupo verdadero le debe a cada uno de sus miembros los medios de subsistencia y una oportunidad para sus futuras generaciones. Los miembros no deben negarle al grupo su derecho a expandirse y perpetuarse, sino que deben contribuir plena y enteramente a este.

Un individuo tiene derecho a contribuirle al grupo y el grupo tiene derecho a esperar que cada individuo le contribuya a él al máximo de su capacidad y energía. El individuo tiene derecho a esperar la contribución del grupo y que el grupo lo proteja a él en la medida de lo posible para el mantenimiento del grupo y la consecución por parte del grupo de sus metas.

EL CREDO DEL MIEMBRO DE UN GRUPO VERDADERO

1 El participante de éxito en un grupo es aquel participante que en sus propias actividades se aproxima muy de cerca al ideal, a la ética y a los principios fundamentales del grupo en general.

2 La responsabilidad del individuo por el grupo en su totalidad no debería ser menor que la responsabilidad del grupo por el individuo.

3 El miembro del grupo tiene, como parte de su responsabilidad, el buen funcionamiento de todo el grupo.

4 Un miembro del grupo tiene que ejercer sus derechos y prerrogativas e insistir en ellos como miembro del grupo e insistir en los derechos y prerrogativas del grupo como grupo, y no permitir que estos derechos disminuyan en modo ni grado alguno por ninguna excusa ni supuesta diligencia.

5 El miembro de un grupo verdadero tiene que ejercer y practicar su derecho a contribuir al grupo. Y tiene que insistir en el derecho del grupo a contribuirle a él. Debería reconocer que cuando se niega cualquiera de estas contribuciones como derecho, dará como resultado una miríada de fracasos del grupo. (Siendo un estado de beneficencia aquel estado a cuyos miembros no se les permite contribuir al estado, sino que tienen que aceptar la contribución del estado).

6 El miembro de un grupo tiene que rechazar y obstaculizar que se cree turbulencia en los asuntos del grupo por cambios súbitos de los planes no justificados por las circunstancias, el colapso de los conductos reconocidos o el cese de operaciones útiles en un grupo. Debería cuidarse de no enturbular a un directivo y así disminuir el ARC.

7 El miembro del grupo tiene que corregir, para bien de este, el fallar en planificar o fallar en reconocer las metas, llevando el asunto a una junta o actuando por propia iniciativa.

8 Un miembro del grupo tiene que coordinar su iniciativa con las metas y el principio fundamental de todo el grupo y con otros miembros considerados individualmente, y hacer públicas sus actividades e intenciones para que todos los conflictos puedan ponerse de manifiesto con anticipación.

9 Un miembro del grupo tiene que insistir en su derecho a tener iniciativa.

10 Un miembro del grupo tiene que estudiar, comprender y trabajar con las metas, los principios fundamentales y las realizaciones del grupo.

11 Un miembro del grupo tiene que trabajar dentro del grupo para llegar a ser tan experto como sea posible en su tecnología y destreza especializadas, y tiene que ayudar a otros individuos del grupo a alcanzar una comprensión de esa tecnología y destreza y el lugar que estas tienen en las necesidades de organización del grupo.

12 Un miembro del grupo debería tener un conocimiento funcional de todas las tecnologías y destrezas del grupo, para entenderlas y entender el lugar que ocupan en las necesidades de organización del grupo.

13 La elevación del ARC del grupo depende del miembro del grupo. Tiene que exigir líneas de comunicación de alto nivel y claridad en la afinidad y realidad y saber la consecuencia de no tener tales condiciones. *Y tiene que trabajar continua y activamente para mantener elevado el ARC en la organización.*

14 Un miembro del grupo tiene el derecho a estar orgulloso de sus tareas, y un derecho de criterio y manejo de esas tareas.

15 Un miembro del grupo tiene que reconocer que él, él mismo, es un directivo de alguna sección del grupo y/o de sus tareas, y que él mismo tiene que tener tanto el conocimiento como el derecho a dirigir esa esfera de la que es responsable.

16 El miembro del grupo no debería permitir que se aprueben leyes que limiten o proscriban las actividades de todos los miembros del grupo debido al fallo de algunos miembros del grupo.

17 El miembro del grupo debería insistir en una planificación flexible y la ejecución infalible de los planes.

18 El miembro del grupo debería comprender que el desempeño óptimo del deber por cada miembro del grupo es la mayor salvaguarda de su propia supervivencia y la del grupo. Es de la incumbencia de cada miembro del grupo que cualquier otro miembro del grupo logre un desempeño óptimo, ya sea que la cadena de mando o la similitud de la esfera de actividad justifique tal supervisión o no.

EL CREDO DE UN DIRECTIVO BUENO Y DIESTRO

Para ser eficiente y tener éxito, un directivo tiene que:

1 Comprender tanto como sea posible las metas y fines del grupo que dirige. Tiene que ser capaz de ver y abarcar el logro *ideal* de la meta como fue contemplada por el creador de la meta. Tiene que ser capaz de tolerar y mejorar los progresos y logros *prácticos* de los que su grupo y los miembros de este puedan ser capaces. Tiene que esforzarse, siempre, en reducir el abismo existente en todo momento entre lo *ideal* y lo *práctico*.

2 Tiene que darse cuenta de que una misión primaria es su propia interpretación completa y honesta del ideal y la ética y las metas y fines de estos para sus subordinados y para el grupo en sí. Tiene que dirigir a sus subordinados, al grupo en sí y a los individuos del grupo creativa y persuasivamente hacia estas metas.

3 Tiene que abarcar a la organización y actuar sólo para toda la organización, y nunca formar o favorecer camarillas. Su criterio sobre los individuos del grupo debería ser únicamente de acuerdo al valor que estos tengan para todo el grupo.

4 Nunca deberá vacilar en sacrificar a los individuos por el bien del grupo, tanto al planificar y ejecutar como al impartir justicia.

5 Tiene que proteger todas las líneas de comunicación establecidas y complementarlas cuando sea necesario.

6 Tiene que proteger toda afinidad bajo su cargo y tener él mismo afinidad por el grupo en sí.

7 Tiene que alcanzar siempre la realidad creativa más elevada.

8 Su planificación tiene que lograr, a la luz de las metas y fines, la actividad de todo el grupo. Nunca tiene que permitir que las organizaciones crezcan y se extiendan de forma desordenada, sino que, aprendiendo por experimentación, tiene que mantener la planificación organizativa espontánea y flexible.

9 Tiene que reconocer en sí mismo el principio fundamental del grupo y recibir y evaluar los datos con los que produce sus soluciones con la mayor atención a la verdad de esos datos.

10 Tiene que establecerse a sí mismo poniéndose a las órdenes de servicio del grupo.

11 Tiene que permitirse ser bien atendido en sus necesidades individuales, economizando sus propios esfuerzos y disfrutando de ciertas comodidades con el fin de mantener elevado su principio fundamental.

12 Debería exigir que sus subordinados transmitieran a sus propias esferas de dirección la totalidad e integridad de los verdaderos sentimientos del directivo y las razones de sus decisiones tan claramente como puedan transmitirse y que se amplíen e interpreten, sólo para la mayor comprensión de los individuos gobernados por esos subordinados.

13 Nunca tiene que permitirse a sí mismo desvirtuar o enmascarar ninguna parte del ideal y la ética con los que el grupo funciona ni tiene que permitir que el ideal y la ética envejezcan, se vuelvan anticuados o impracticables. Nunca tiene que permitir que los subordinados distorsionen o censuren su planificación. Nunca tiene que permitir que se deteriore el ideal y la ética de cada uno de los miembros del grupo, usando siempre la razón para interrumpir tal deterioro.

14 Tiene que tener fe en las metas, fe en sí mismo y fe en el grupo.

15 Tiene que dirigir demostrando siempre submetas creativas y constructivas. No deberá conducir mediante la amenaza y el miedo.

16 Tiene que darse cuenta de que cada individuo del grupo está comprometido en cierto grado en la dirección de otros hombres, vida y el universo físico y que a cada subdirectivo se le debería permitir libertad para dirigir dentro de este código.

Conduciéndose de este modo, un directivo puede ganar un imperio para su grupo, no importa cuál sea ese imperio.

L. Ronald Hubbard

Acerca de la Familia

Acerca del Matrimonio

Scientology:
Un Nuevo Punto de Vista sobre la Vida

L. Ronald Hubbard

"La comunicación

es la raíz del éxito matrimonial

a partir de la cual puede crecer una

unión fuerte, y la no-comunicación

es el escollo en el que el barco

encallará destrozando su quilla".

Acerca del Matrimonio

La comunicación es la raíz del éxito matrimonial a partir de la cual puede crecer una unión fuerte, y la no-comunicación es el escollo en el que el barco encallará destrozando su quilla.

En primer lugar, los hombres y las mujeres no son demasiado cuidadosos acerca de "con quienes van y se casan". En ausencia de cualquier formación básica sobre la neurosis, psicosis, o cómo juzgar a una buena cocinera o si alguien sabe ganarse un buen salario, esa cosa engañosa, traicionera y no siempre fácil de identificar llamada "amor" es el único factor de orientación en la elección de la pareja. Es esperar demasiado de una sociedad por encima del nivel de las hormigas que sea enteramente práctica acerca de una institución tan fundamentalmente poco práctica como el matrimonio. Así que no es sorprendente que estas elecciones de cónyuge inapropiadas se hagan con tal despreocupado desenfreno.

Hay formas, sin embargo, no sólo de seleccionar a un cónyuge, sino también de garantizar la continuación de ese matrimonio; y estas formas son simples. Dependen, uniformemente, de la comunicación.

Debería haber una cierta paridad de intelecto y cordura entre marido y mujer para que tengan un matrimonio con éxito. En la cultura occidental, se espera que las mujeres tengan cierto dominio de las humanidades y las ciencias. Es fácil determinar los antecedentes educativos de un cónyuge potencial. No es tan fácil estimar su capacidad en cuanto al sexo, la familia o los niños, o su cordura.

En el pasado, hubo esfuerzos por determinar la cordura con manchas de tinta, con los hexaedros usados en los tests y tests con tornillos para ver si alguien había perdido alguno. Las cifras resultantes se tenían que interpretar personalmente con una bola de cristal y luego volverlas a interpretar para aplicarlas.

En Scientology, hay un examen para la cordura y para la cordura comparativa que es tan simple que cualquiera puede aplicarlo: ¿cuál es el "retardo de comunicación" del individuo? Cuando se le hace una pregunta, ¿cuánto tiempo le lleva responder? Cuando se le dirige un comentario, ¿cuánto tiempo le lleva captarlo y responder? La respuesta rápida revela una mente rápida y una mente cuerda, con tal de que la respuesta sea coherente. La respuesta lenta indica que la persona está en la parte baja de la escala. Los cónyuges que tengan el mismo retardo de comunicación se llevarán bien. Cuando uno de los cónyuges sea rápido y el otro lento, la situación resultará insoportable para el cónyuge rápido y desdichada para el lento.

La reparación de un matrimonio que se está yendo al garete no siempre requiere el procesamiento de los cónyuges. Puede ser que haya otro factor familiar en la escena. Este puede consistir en un familiar, como la suegra. ¿Cómo soluciona uno este factor sin usar una escopeta? Esto, una vez más, es simple. La suegra, habiendo dificultades en la familia, es la responsable de cortar las líneas de comunicación o de desviar la comunicación. A uno u otro de los cónyuges, entonces, se le saca del conducto de comunicación en el que le corresponde estar. Él nota esto y se opone enérgicamente a ello.

Los celos son el mayor factor en las rupturas matrimoniales. Los celos surgen a causa de la inseguridad de la persona celosa y pueden o no tener fundamento. Esta persona tiene miedo de las líneas de comunicación ocultas y hará cualquier cosa para intentar sacarlas a la luz. Esto actúa sobre el otro cónyuge haciéndole sentir que se están cortando sus líneas de comunicación; porque piensa que tiene derecho a tener líneas de comunicación abiertas, mientras que su cónyuge insiste en que cierre muchas de ellas. Las peleas resultantes son violentas, como lo muestra el hecho de que las compañías de seguros no extenderán pólizas en las profesiones, como la de actor, en las que existen los celos: el índice de suicidios es demasiado alto.

El tema del matrimonio no se podría abarcar ni en muchos capítulos, pero aquí se dan las claves básicas para un matrimonio con éxito: ¡Comunica!

Cómo Vivir con los Niños

Scientology:
Un Nuevo Punto de Vista sobre la Vida

L. Ronald Hubbard

"Potencialmente, él está más cuerdo que tú, padre o madre, y el mundo es mucho más prometedor. Su sentido de los valores y la realidad es más agudo. No lo embotes. Y tu niño será un ser humano excelente, de gran estatura, tendrá éxito".

Cómo Vivir con los Niños

El adulto es el problema en la crianza del niño, no el niño. Un adulto tiene ciertos derechos sobre los niños que los niños y adultos modernos de alguna manera tienden a ignorar.

Un adulto bondadoso y estable, con amor y tolerancia en su corazón, es prácticamente la mejor terapia que puede tener un niño.

La principal consideración en la crianza de los niños es el problema de entrenarlos sin domarlos. Los jesuitas tenían un sistema que se dice que era funcional, pero el sistema pereció con los jesuitas. Por contraposición, la Asociación Médica Americana (una organización dedicada a intentar controlar las prácticas de los médicos) sacó un panfleto, una obra maestra del disparate, titulado *Cómo Controlar a Tu Hijo.* Eso es precisamente lo que no tienes que hacer. Tienes que criar a tu hijo de tal manera que no tengas que controlarlo, para que él o ella tenga pleno control de sí mismo en todo momento. De ello dependen su buen comportamiento, su salud, su cordura.

A diferencia de lo que dicen los ex barberos, los niños no son perros. No se les puede entrenar como se entrena a los perros. No son objetos a controlar. Son, y no pasemos por alto este punto, hombres y mujeres. Un *niño* no es una especie de animal especial diferente del Hombre. Un niño es un hombre o una mujer que no ha alcanzado su crecimiento pleno.

Toda ley pertinente al comportamiento de los hombres y las mujeres es pertinente a los niños.

¿Te gustaría que te jalaran, te arrastraran y te hicieran ir de un lado a otro y que te impidieran hacer lo que tú quisieras? Te indignarías. La única razón por la que un niño "no" se indigna es porque es pequeño. Tú prácticamente matarías a alguien que te tratara a ti, un adulto, con las órdenes, contradicción y falta de respeto con las que se trata al niño promedio. El niño no contraataca porque no es lo bastante grande. En vez de eso, te llena el suelo de lodo, te interrumpe la siesta y destruye la paz del hogar. Si se encontrara en un plano de igualdad contigo en cuestión de derechos, no clamaría esta "venganza". Esta "venganza" es el comportamiento infantil estándar.

Un niño tiene derecho a su auto-determinismo. Dices que si no se le impidiera tirarse cosas encima, salir corriendo a la carretera, etc., etc., se haría daño. ¿Qué haces tú, como adulto, permitiendo que ese niño viva en habitaciones o en un entorno donde se *pueda* hacer daño? La culpa es tuya, no de él, si rompe cosas.

La dulzura y el amor de un niño sólo se preservan mientras pueda ejercer su propio auto-determinismo. Interrumpe eso y, en cierta medida, interrumpes su vida.

Sólo hay dos razones por las que el derecho de decisión propio de un niño tiene que interrumpirse: la fragilidad y el peligro de su entorno, y *tú*. Pues tú descargas sobre él las cosas que se te hicieron a ti, sin importar lo que pienses al respecto.

Hay dos caminos que puedes tomar: darle al niño libertad de acción en un entorno que él no pueda estropear, donde no pueda hacerse mucho daño, y que no restrinja demasiado su espacio y su tiempo. Y puedes limpiar tus propias aberraciones hasta un punto en que tu tolerancia iguale o supere su falta de educación sobre cómo complacerte.

Cuando le das algo a un niño, es *suyo.* Ya no es tuyo. La ropa, los juguetes, la habitación: lo que se le ha dado *debe permanecer bajo su control exclusivo.* Que hace trizas su camiseta, destroza su cama, rompe su coche de bomberos. Eso *no es asunto tuyo.* ¿Te gustaría que alguien te diera un regalo de Navidad y luego te dijera, día tras día a partir de entonces, lo que debías hacer con él, e incluso te castigara si no lo cuidaras de la forma en que quisiera la persona que te lo dio? Destrozarías a esa persona y destruirías ese regalo. Sabes que lo harías. El niño te destroza los nervios cuando tú le haces eso a él. Eso es venganza. Llora. Te da lata. Rompe tus cosas. Derrama "accidentalmente" su leche. Y destroza *a propósito* la posesión sobre la que tan a menudo se le advierte. ¿Por qué? Porque está luchando por su auto-determinismo, su propio derecho a poseer y a hacer que se sienta su peso en el entorno. Esta "posesión" es otro conducto mediante el que se le puede controlar. Así que tiene que luchar contra la posesión y contra el controlador.

Sin duda, los respetables ex barberos fueron criados tan mal que piensan que el *control* es el *non plus ultra* de la crianza de los niños. Si quieres controlar a tu niño, simplemente dómalo hasta que entre en completa apatía y será tan obediente como cualquier imbécil hipnotizado. Si quieres saber cómo controlarlo, consíguete un libro de entrenamiento canino, llama al niño Rex y enséñale primero a ir corriendo a buscar cosas gritándole "¡Busca!" y luego a sentarse erguido diciéndole "¡Siéntate!" y luego a ladrar para pedir comida. Puedes entrenar a un niño de esa manera. Vaya si puedes. Pero será tu mala suerte si resulta salirte una bestia sanguinaria. Sólo que no lo hagas a medias. Simplemente *entrénalo.* "¡Habla, Roberto!" "¡Échate!" "¡Revuélcate!".

Por supuesto, las vas a pasar negras. Esto (pequeño descuido médico) es un *ser humano.* Más te vale lanzarte a fondo y hacer cuanto puedas para someterlo y que entre en apatía rápidamente. Un garrote es lo mejor. Amarrarlo dentro de un armario sin comida durante unos pocos días da bastante buen resultado. La táctica más recomendable, sin embargo, es simplemente usar con él una camisa de fuerza y manoplas hasta que esté tan dócil y estupidizado que no se le pueda entrenar más que en psicología como profesión. Te advierto que te va a costar mucho, te va a costar mucho porque el Hombre llegó a ser el rey de los animales simplemente porque no lo pudieron derrotar como especie. Él no entra con facilidad en una apatía obediente como hacen los perros. Los *hombres* poseen *perros* porque los hombres son auto-determinados y los perros no.

La razón de que la gente empezara a confundir a los niños con perros y empezara a entrenar a los niños mediante la fuerza, radica en el campo de la psicología. El psicólogo trabajaba sobre los siguientes "principios":

"El Hombre es malvado".

"Al Hombre hay que entrenarlo para que sea un animal social".

"El Hombre tiene que adaptarse a su entorno".

Como estos postulados no son ciertos, la psicología no funciona. Y si alguna vez has visto a alguien hecho un desastre, es al hijo de un psicólogo profesional. La atención al mundo que nos rodea, en vez de los textos que alguien ideó después de haber leído los textos de algún otro, nos muestra la falacia de estos postulados.

La razón de que Scientology haga lo que hace es porque Scientology se basa en algunos postulados funcionales. La psicología ni siquiera sabía que tenías que tener postulados y axiomas para tener una ciencia; ni siquiera se dieron cuenta de que lo expuesto más arriba constituía su credo básico. Lo expuesto más arriba está formulado a partir de una inspección de sus enormes tomos.

La realidad es bien opuesta a las creencias previas.

La verdad reside en esta dirección:

El Hombre es básicamente bueno.

Sólo mediante una aberración grave se puede volver malvado al Hombre. El entrenamiento severo lo vuelve insociable a la fuerza.

El Hombre tiene que retener su capacidad personal de adaptar su entorno a sí mismo para mantenerse cuerdo.

Un hombre es tan cuerdo y está tan a salvo como auto-determinado sea.

Al criar a tu niño, debes evitar "entrenarlo" para que sea un animal social. Tu niño empieza por ser más sociable, más digno, de lo que lo eres tú. En un tiempo relativamente breve, el tratamiento que recibe lo bloquea de tal modo que se rebela. Esta rebelión puede intensificarse hasta tal punto que sea un verdadero horror tenerlo cerca. Será ruidoso, desconsiderado, descuidado con las posesiones, sucio: en resumen, cualquier cosa que te moleste a ti. Entrénalo, contrólalo y perderás su amor. Habrás perdido para siempre al niño que tratas de controlar y poseer.

Deja que un niño se siente en tu regazo. Se sentará ahí, satisfecho. Ahora rodéalo con tus brazos y oblígalo a estarse ahí sentado. Haz esto aunque el niño ni siquiera esté intentando marcharse. Al instante, se retorcerá. Luchará por alejarse de ti. Se enfadará. Llorará. Recuerda, estaba tan contento antes de que tú empezaras a sujetarlo. Deberías realizar este experimento realmente.

Tus esfuerzos por moldear, entrenar, controlar al niño, lo harán reaccionar, en general, exactamente como cuando intentas sujetarlo en tu regazo.

Naturalmente, tendrás dificultades si a este niño tuyo ya se le ha entrenado, controlado, se le han dado órdenes y se le han negado sus propias posesiones. A mitad del vuelo, cambias de táctica. Intentas darle su libertad. Sospechará tanto de ti que la pasará fatal intentando adaptarse. El periodo de transición será terrible. Pero al final tendrás un niño ordenado, bien entrenado, sociable, que es considerado contigo y, algo muy importante para ti, un niño que te quiere.

Al niño al que se coacciona, al que se lleva como a un corderito, al que se manipula y se controla, se le postula una ansiedad nefasta. Sus padres son entidades de supervivencia. Representan comida, ropa, cobijo, afecto. Esto significa que quiere estar cerca de ellos. Él quiere amarlos, naturalmente, pues es su hijo.

Pero por otro lado, sus padres son entidades contra-supervivencia. *Todo su ser y su vida dependen del ejercicio de sus derechos para poder tomar sus propias decisiones respecto a sus movimientos, sus posesiones y su cuerpo.* Los padres tratan de interrumpir este proceso, debido a la idea errónea de que el niño es un idiota que no aprenderá a menos que se le "controle". Así que él tiene que huir del enemigo, luchar contra él, fastidiarlo y hostigarlo.

Aquí hay ansiedad: "Los quiero mucho. También los necesito. Pero constituyen una interrupción de mi capacidad, de mi mente, de mi vida potencial. ¿Qué voy a hacer con mis padres? No puedo vivir con ellos. No puedo vivir sin ellos. ¡Ay, Dios! ¡Ay, Dios!". Se queda ahí sentado, con su mameluco puesto, dándole vueltas en la cabeza a este problema. Ese problema, esa ansiedad, lo acompañará durante dieciocho años más o menos. Y prácticamente arruinará su vida.

Libertad para el niño significa libertad para ti.

Abandonar a su suerte las posesiones del niño significa seguridad a la larga para las posesiones del niño.

¡Qué terrible fuerza de voluntad se requiere de los padres para no estar dándole constantemente a un niño una sarta de instrucciones! ¡Qué agonía observar cómo van a estropearse sus posesiones! ¡Qué trastorno contenerse de ordenar su tiempo y su espacio!

¡Pero es necesario, si quieres que el niño se encuentre bien, esté contento, sea cuidadoso, encantador e inteligente!

Otra cosa es el asunto de la contribución. No tienes derecho a negarle a tu hijo el derecho a contribuir.

Un ser humano se siente capaz y competente en la medida en que se le permita contribuir tanto como lo que se le ha contribuido a él o más.

Un hombre puede contribuir de sobra y sentirse seguro en un entorno. Se siente inseguro en el momento en que contribuye de menos, es decir, da menos de lo que recibe. Si no lo crees, recuerda una ocasión en que todos los demás llevaron cosas a la fiesta, pero tú no. ¿Cómo te sentiste?

Un ser humano se rebelará contra cualquier fuente que le contribuya más a él de lo que él le contribuya a ella y se recelará de ella.

Los padres, naturalmente, contribuyen más a un niño de lo que el niño contribuye de vuelta. En cuanto el niño ve esto, se pone triste. Él procura aumentar su nivel de contribución. Si no lo consigue, se enfada con la fuente de la contribución. Empieza a detestar a sus padres. Ellos intentan contrarrestar esta rebelión contribuyendo más. El niño se rebela más. Es una mala "espiral descendente" porque el final de ella es que el niño entrará en apatía.

Tienes que dejar que el niño te contribuya a ti. No puedes ordenarle que contribuya. No puedes mandarle que corte el césped y luego pensar que eso es una contribución. Él tiene que resolver cuál es su contribución y entonces darla. Si no la ha elegido él, no es suya, sino sólo más control.

Un bebé contribuye intentando hacerte sonreír. El bebé hará monerías. Cuando sea algo mayor, bailará para ti, te traerá palitos, intentará repetir los movimientos que haces al trabajar, para ayudarte. Si no aceptas esas sonrisas, esos bailes, esos palitos, esos movimientos de trabajo, con el espíritu con que se dan, habrás empezado a interrumpir la contribución del niño. Entonces comenzará a ponerse ansioso. Hará cosas irreflexivas y extrañas con tus posesiones en un esfuerzo por "mejorarlas" para ti. Lo regañas... y eso acaba con él.

Aquí aparece otro factor. Y son los *datos.* ¿Cómo es posible que un niño pueda saber con qué contribuirte a ti o a su familia u hogar si no tiene ni la menor idea de los principios funcionales por los que se rigen estas cosas?

Una familia es un grupo con la meta común de la supervivencia y el progreso del grupo. Al niño al que no se le permite contribuir o que no llega a comprender las metas y los principios funcionales de la vida familiar, se le deja al margen de la familia y a la deriva. Se le demuestra que no es parte de la familia porque no puede contribuir. Así que se vuelve antifamilia: el primer paso en el camino a ser anti-social. Derrama la leche, molesta a tus invitados y grita por afuera de tu ventana "jugando". Incluso se pondrá malo para darte trabajo. Se le enseña a no ser nada al mostrársele que no es lo bastante poderoso para contribuir.

No puedes hacer otra cosa que aceptar las sonrisas, los bailes, los palitos del niño muy pequeño. Pero en cuanto un niño puede entender, se le debería contar todo sobre el funcionamiento de la familia.

¿Cuál es la fuente de sus billetillos? ¿Cómo es que hay comida? ¿Ropa? ¿Una casa limpia? ¿Un coche?

Papi trabaja. Se gasta las horas y los sesos y los músculos y por esto recibe dinero. El dinero, entregado en una tienda, compra comida. Al coche hay que cuidarlo por la escasez de dinero. Una casa tranquila

y cuidar a papi hacen que papi trabaje mejor, y eso significa comida y ropa y coches.

La educación es necesaria porque uno se gana mejor la vida después de haber aprendido.

El juego es necesario para dar un motivo para el trabajo duro.

Dale el panorama completo. Si se ha estado rebelando, puede que siga rebelándose. Pero al final entrará en razón.

Ante todo, un niño necesita *seguridad.* Parte de esa seguridad es la comprensión. Parte de eso es un código de conducta que sea invariable. Lo que va contra la ley hoy no se puede ignorar mañana.

Puedes castigar realmente a un niño para defender tus derechos, siempre y cuando él posea lo que posee y pueda contribuirte y trabajar para ti.

Los adultos tienen derechos. Él debería saber esto. Un niño tiene como meta propia crecer. Si un adulto no tiene más derechos, ¿para qué crecer? ¿Quién demonios querría ser adulto en este año de nuestro Señor, de todas formas?

El niño tiene un deber hacia ti. Tiene que ser capaz de cuidarte. No una ilusión de que lo es, sino de verdad. Y tienes que tener paciencia para dejar que te cuide descuidadamente hasta que, por pura experiencia (no por tus instrucciones), aprenda a hacerlo bien. ¿Cuidar del niño? Tonterías. Él seguramente tiene una mejor apreciación de las situaciones inmediatas de la que tú tienes, adulto desgastado. Sólo cuando esté casi psicótico con aberración, será un niño propenso a los accidentes.

Tú estás bien y disfrutas de la vida porque no te *poseen.* Tú *no podrías* disfrutar de la vida si te llevaran como un corderito y te poseyeran. Te rebelarías. Y si tu rebelión fuera sofocada, te convertirías en un subversivo. En esto conviertes a tu niño cuando lo posees, lo manejas y lo controlas.

Potencialmente, él está más cuerdo que tú, padre o madre, y el mundo es mucho más prometedor. Su sentido de los valores y la realidad es más agudo. No lo embotes. Y tu niño será un ser humano excelente, de estatura, tendrá éxito. Poséelo, contrólalo, dirígelo y recházalo, y recibirás el tratamiento que te mereces: rebelión subversiva.

Bueno, ¿vamos a tener un hogar feliz por aquí o no?

L. Ronald Hubbard

Sobre Cómo Llevarse Bien con Otros

Dos Reglas para una Vida Feliz

Scientology:
Un Nuevo Punto de Vista sobre la Vida

L. Ronald Hubbard

"Para ser feliz, sólo hay
que ser capaz de confrontar
(es decir, experimentar)
aquellas cosas que existen".

Dos Reglas para una Vida Feliz

1. *Sé capaz de experimentar cualquier cosa.*
2. *Causa sólo aquellas cosas que los demás puedan experimentar con facilidad.*

El Hombre ha tenido muchas reglas de oro. La regla budista de "Trata a los demás como te gustaría que te trataran a ti" se ha repetido a menudo en otras religiones. Pero estas reglas de oro, aunque sirvieron para elevar al Hombre por encima del animal, no resultaron en cordura, felicidad o éxito garantizados. Tal regla de oro únicamente da el punto-causa, o como mucho el punto-efecto reflejo. Esto es una cosa que uno se hace a sí mismo y tiende a ponerlo todo en causa obsesiva. No toma en consideración lo que uno hace con las cosas que otros, no instruidos de ese modo, le hacen a uno.

¿Cómo maneja uno las cosas malas que se le han hecho? Eso no está en la regla budista. Aparecieron muchas respuestas aleatorias. Entre ellas están las respuestas de la Ciencia Cristiana (los efectos sobre uno no existen), las respuestas de los primeros cristianos (convertirse en mártir), las respuestas de los ministros cristianos (condenar todo pecado). Respuestas así a los efectos causados sobre uno producen un estado mental que de algún modo no llega a ser muy cuerdo; por no mencionar la desdicha que producen.

Después de que tu hogar haya sido incendiado y tu familia incinerada, no es un gran consuelo (*a*) fingir que no ha ocurrido, (*b*) emular a Job o (*c*) condenar a todos los incendiarios.

En la medida en que alguien le tenga miedo a la violencia o sufra su efecto, recibirá violencia en contra suya. Cuando uno *puede* experimentar exactamente lo que se le está haciendo, ¡ah!, magia: ¡no sucede!

Cómo ser feliz en este universo es un problema que pocos profetas o sabios han osado contemplar directamente. Los encontramos "resolviendo" el problema de la felicidad asegurándonos que el Hombre está condenado a sufrir. Tratan de decirnos, no cómo ser felices, sino cómo soportar ser desdichados. Esta indolente presuposición de la imposibilidad de la felicidad nos ha llevado a ignorar cualquier examen real de las maneras de ser feliz. Así que hemos avanzado a tientas hacia una meta negativa: librémonos de toda la desdicha de la Tierra y lograríamos una Tierra en la que se podría vivir. Si una persona trata continuamente de librarse de algo, admite continuamente que no puede confrontarlo: y así todo el mundo empezó a ir de capa caída. La vida se convirtió en una espiral descendente de *más* cosas que no podíamos confrontar. Y así fuimos hacia la ceguera y la desdicha.

Para ser feliz, sólo hay que ser *capaz* de confrontar (es decir, experimentar) aquellas cosas que existen.

La desdicha es sólo esto: la incapacidad de confrontar aquello que es.

De ahí: 1. Sé capaz de experimentar cualquier cosa.

El lado efecto de la vida merece gran consideración. El lado de lo causado por uno mismo también merece examinarse.

Crear sólo aquellos efectos que otros podrían experimentar con facilidad nos da una regla completamente nueva para la vida. Pues si uno lo hace, entonces, ¿qué podría hacer que tendría que ocultarle a los demás? No hay motivo para ocultar sus propias acciones o arrepentirse de ellas (lo cual es lo mismo) si los demás experimentan con facilidad las propias acciones de uno.

Esta es una prueba (y definición) general de buena conducta: hacer sólo aquellas cosas que los demás puedan experimentar.

Si examinas la vida de una persona, encontrarás que sólo está atorada en aquellas acciones que hizo, que los demás no fueron capaces de recibir. De ahí que la vida de una persona pueda convertirse en una mezcolanza de violencia reprimida que atrae, entonces, la violencia causada por los demás.

Cuantas más acciones emanaran de una persona, que otros no pudieran experimentar, más empeoraría la vida de esa persona. Al reconocer que ella fue una causa nociva, o que ya había demasiadas causas nocivas, la persona dejó de causar cosas: un desdichado estado de ser.

El dolor, la emoción equivocada, la inconsciencia, la demencia, todo ello resulta de causarles a los demás cosas que estos no pudieron experimentar con facilidad.

Todos los actos malos, entonces, son los actos que no se pueden experimentar con facilidad en el extremo receptor.

De acuerdo a esta definición, revisemos nuestros propios "actos malos" ¿Cuáles *fueron* malos? Sólo los que otro no pudo experimentar con facilidad. Entonces, *¿cuáles* de los actos malos favoritos de la sociedad son malos? Los actos de verdadera violencia que resultan en dolor, inconsciencia, demencia y gran pérdida podrían, en este momento, considerarse malos. Bueno, ¿qué otros actos tuyos consideras "malos"? Las cosas que has hecho, que tú mismo no podrías experimentar con facilidad, fueron malas. Pero las cosas que has hecho, que tú mismo podrías haber experimentado si te las hubieran hecho, *no* fueron malas. ¡Eso sin duda cambia el punto de vista de uno sobre las cosas!

No hay necesidad de llevar una vida violenta sólo para demostrar que uno puede experimentar. La idea no es *demostrar* que uno puede experimentar, sino recuperar la *capacidad* de experimentar, (lo que se puede lograr con el procesamiento de Scientology).

Así que hoy en día tenemos dos reglas de oro para la felicidad:

1. Sé capaz de experimentar cualquier cosa; y

2. Causa sólo aquellas cosas que los demás puedan experimentar con facilidad.

Tu reacción a estas te dice cuánto tienes que avanzar todavía.

Y si lograras estas dos reglas de oro, serías una de las personas más felices y con mayor éxito de este universo; pues, ¿quien podría gobernarte con maldad?

¿Qué Es Grandeza?

Scientology:
Un Nuevo Punto de Vista sobre la Vida

L. Ronald Hubbard

"Hace falta verdadera fortaleza para amar al Hombre. Y amarlo a pesar de todas las invitaciones para hacer lo contrario, de todas las provocaciones y de todas las razones por las que no deberíamos hacerlo".

¿Qué Es Grandeza?

La tarea más dura que una persona puede afrontar es seguir amando a sus semejantes a pesar de todas las razones por las que no debería hacerlo.

Y el verdadero signo de cordura y grandeza es seguir haciéndolo.

Para aquel que puede lograr esto, hay esperanza en abundancia.

Para aquellos que no pueden, sólo hay penas, odio y desesperación. Y estas no son las cosas de las que están hechas la grandeza ni la cordura ni la felicidad.

Una de las trampas primordiales es ceder a las incitaciones a odiar.

Están aquellos que lo nombran a uno su verdugo. A veces, para seguridad de los demás, es necesario actuar. Pero no es necesario odiarlos también.

Hacer la tarea propia sin enfurecerse con los que intentan obstaculizarlo es señal de grandeza… y de cordura. Y sólo entonces puede uno ser feliz.

Tratar de lograr cualquier cualidad concreta deseable en la vida es una cosa noble. La más difícil de lograr (y la más necesaria) es amar a nuestros semejantes a pesar de todas las invitaciones a hacer lo contrario.

Si existe alguna cualidad de santidad, no es la de perdonar. El "perdón" acepta la maldad del acto. No hay razón para aceptarla. Además, uno tiene que calificar como malo el acto para perdonarlo. El "perdón" es un nivel de acción mucho más bajo y es más bien una censura.

La verdadera grandeza simplemente se rehúsa a cambiar frente a las malas acciones en contra de uno; y una persona verdaderamente grande, ama a sus semejantes porque los comprende.

Después de todo, todos ellos se encuentran en la misma trampa. Algunos están completamente ajenos a ella, algunos se han vuelto locos debido a ella, algunos actúan como aquellos que los traicionaron. Pero todos, todos están en la misma trampa: los generales, los barrenderos, los presidentes, el demente. Actúan como lo hacen porque todos ellos están sometidos a las mismas crueles presiones de este universo.

Algunos de nosotros estamos sometidos a esas presiones y aún seguimos haciendo nuestro trabajo. Otros han sucumbido hace mucho tiempo y desvarían, torturan y alardean como las almas enloquecidas que son.

Al menos podemos comprender el hecho concreto de que la grandeza no se deriva de guerras brutales o de ser conocido. Se deriva de ser fiel a tu propia decencia, de seguir ayudando a los demás sin importar lo que hagan, piensen o digan y, a pesar de todos los actos brutales contra uno mismo, perseverar sin cambiar tu actitud básica hacia el Hombre.

En esa medida, la verdadera grandeza depende de la sabiduría total. Actúan como lo hacen porque son lo que son: seres atrapados, aplastados bajo una carga intolerable. Y si se han vuelto locos por

ello y ordenan la devastación de naciones enteras sin las debidas explicaciones, aún así, uno puede comprender por qué y puede comprender también el grado de su locura. ¿Por qué debería alguien cambiar y comenzar a odiar sólo porque otros se hayan descarriado y sus destinos sean demasiado crueles como para que los afronten?

La justicia, la clemencia, el perdón, carecen todos ellos de importancia frente a la capacidad de no cambiar ante la provocación o las exigencias de hacerlo así.

Uno tiene que actuar, uno tiene que mantener el orden y la decencia. Pero no hace falta que odie ni busque venganza.

Es cierto que los seres son frágiles y cometen injusticias. El Hombre es básicamente bueno, pero el Hombre puede actuar mal.

Sólo actúa mal cuando sus actos, llevados a cabo para el orden y la seguridad de los demás, se hacen con odio. O cuando sus medidas disciplinarias están fundadas únicamente en la seguridad para él mismo sin tener en cuenta la de todos los demás; o peor aún, cuando actúa basándose sólo en un gusto por la crueldad.

No guardar ninguna clase de orden es un acto demente. Sólo hace falta mirar las posesiones y el entorno del demente para darse cuenta de esto. El capaz mantiene buen orden.

Cuando la crueldad en nombre de la disciplina domina una raza, a esa raza se le ha enseñado a odiar. Y esa raza está condenada.

La verdadera lección es aprender a amar.

Aquel que quisiera caminar ileso por el transcurso de sus días, tendría que aprender esto: a nunca usar lo que se le hace a uno como base para el odio. A no desear nunca venganza.

Hace falta verdadera fortaleza para amar al Hombre. Y amarlo a pesar de todas las invitaciones para hacer lo contrario, de todas las provocaciones y de todas las razones por las que no deberíamos hacerlo.

La felicidad y la fortaleza sólo perduran en ausencia del odio. Odiar, por sí solo, es el camino hacia el desastre. Amar es el camino hacia la fortaleza. Amar a pesar de todo es el secreto de la grandeza. Y es muy posible que sea el mayor secreto de este universo.

L. Ronald Hubbard

Sobre el Comportamiento Humano

La Personalidad Anti-Social

Scientology:
Un Nuevo Punto de Vista sobre la Vida

L. Ronald Hubbard

"Es importante, entonces, examinar y enumerar los atributos de la Personalidad Anti-Social. Influyendo como lo hace en la vida diaria de tantos, es necesario que la gente decente esté mejor informada sobre este tema".

SCIENTOLOGY:
UN NUEVO PUNTO DE VISTA SOBRE LA VIDA

LA PERSONALIDAD ANTI-SOCIAL

HAY CIERTAS características y actitudes mentales que ocasionan que aproximadamente el 20 por ciento de una raza se oponga violentamente a cualquier actividad o grupo de mejoramiento.

Se sabe que esas personas tienen tendencias anti-sociales.

Cuando la estructura legal o política de un país se transforma de tal manera que prefiere a personalidades así en puestos de confianza, entonces todas las organizaciones civilizadoras del país sufren supresión, y a esto le sigue una barbarie de criminalidad y opresión económica.

Los crímenes y los actos criminales son perpetrados por Personalidades Anti-Sociales. Comúnmente, el origen del estado de los internos de instituciones mentales se halla en el contacto con personalidades así.

Por lo tanto, en los ámbitos del gobierno, actividades policiales y salud mental, por citar unos pocos, vemos que es importante poder detectar y aislar a este tipo de personalidad para proteger a la sociedad y a los individuos de las consecuencias destructivas que acompañan al hecho de darles rienda suelta a esas personas para dañar a los demás.

Dado que sólo comprenden el 20 por ciento de la población, y como sólo un dos y medio por ciento de este 20 por ciento son de verdad peligrosos, vemos que con muy poco esfuerzo podríamos mejorar considerablemente el estado de la sociedad.

Ejemplos muy conocidos, incluso estelares, de este tipo de personalidad son, por supuesto, Napoleón y Hitler. Dillinger, Pretty Boy Floyd, Christie y otros criminales famosos son ejemplos muy conocidos de la Personalidad Anti-Social. Pero con semejante reparto de personajes en la historia, descuidamos los ejemplos menos estelares, y no percibimos que personalidades así existen en la vida real, son muy comunes y a menudo pasan desapercibidas.

Cuando buscamos la causa de que un negocio esté fracasando, inevitablemente descubriremos entre sus filas a la Personalidad Anti-Social trabajando duro.

En las familias que se están desintegrando, comúnmente encontramos que una u otra de las personas implicadas tiene una personalidad así.

Cuando la vida se ha vuelto difícil y está fracasando, un cuidadoso examen del área, hecho por un observador entrenado, revelará a una o varias de estas personalidades en acción.

Dado que un 80 por ciento de nosotros trata de progresar, y sólo un 20 por ciento trata de impedirlo, nuestras vidas serían mucho más fáciles de vivir si estuviéramos bien informados respecto a las manifestaciones exactas de dicha personalidad. De esa manera, podríamos detectarla y ahorrarnos muchos fracasos y amarguras.

Es importante, entonces, examinar y enumerar los atributos de la Personalidad Anti-Social. Influyendo como lo hace en la vida diaria de tantos, es necesario que la gente decente esté mejor informada sobre este tema.

ATRIBUTOS

La Personalidad Anti-Social tiene los siguientes atributos:

1. Habla sólo en términos muy generales. "*Dicen*...", "Todo el mundo piensa...", "Todos saben...", y expresiones así son de uso continuo, especialmente al difundir un rumor. Cuando se le pregunta: "*¿Quién* es todo el mundo...?", por lo general resulta que es una sola fuente, y que a partir de esa fuente la Persona Anti-Social ha inventado lo que quiere hacer creer que es la opinión de toda la sociedad.

   Esto le parece natural, pues para ella toda la sociedad es una gran generalidad hostil, concretamente contra el Anti-Social.

2. Una persona así trafica principalmente con malas noticias, observaciones críticas u hostiles, invalidación y supresión general.

   Antes se describía como "chismoso", o "pájaro de mal agüero" o "cizañero".

   Es destacable que una persona así nunca transmite buenas noticias u observaciones elogiosas.

3. La Personalidad Anti-Social, cuando transmite un mensaje o una noticia, altera la comunicación para empeorarla. Detiene las buenas noticias y sólo transmite las malas, que a menudo adorna.

   Una persona así, también finge que está pasando "malas noticias" que en realidad son inventadas.

4. Una característica de la Personalidad Anti-Social, y una de las cosas lamentables acerca de ella, es que no responde al tratamiento ni a la reforma ni a la psicoterapia.

5. Cerca de una personalidad así, vemos a compañeros o amigos acobardados o enfermos que, aun cuando no se vuelvan realmente locos, se conducen en la vida de manera incapaz, fracasando, sin triunfar.

Esta gente le causa dificultades a los demás.

Al tratar o educar a los compañeros íntimos de la Personalidad Anti-Social, estos no tienen ninguna estabilidad en las ganancias, sino que recaen con rapidez o pierden las ventajas de su conocimiento, estando bajo la influencia supresiva de la otra persona.

Al tratar físicamente a estos compañeros, generalmente no se recuperan en el tiempo esperado, sino que empeoran y sus convalecencias son deficientes.

Es bastante inútil tratar, ayudar o entrenar a personas así mientras permanezcan bajo la influencia de la conexión anti-social.

La gran mayoría de dementes están dementes debido a estas conexiones anti-sociales y no se recuperan fácilmente por la misma razón.

Injustamente, muy pocas veces vemos realmente a la Personalidad Anti-Social en un hospital psiquiátrico. Sólo sus "amigos" y su familia están ahí.

6. La Personalidad Anti-Social elige habitualmente el blanco incorrecto.

   Si un neumático se pincha por conducir sobre clavos, él o ella maldice a un compañero o a algo que no es la fuente causante del problema. Si en la casa de al lado la radio está demasiado fuerte, él o ella le da una patada al gato.

   Si la causa obvia es A, la Personalidad Anti-Social inevitablemente culpa a B o C o D.

7. El Anti-Social no puede terminar un ciclo-de-acción.

   Las personas así acaban rodeadas de proyectos incompletos.

8. Muchas Personas Anti-Sociales confiesan abiertamente los crímenes más alarmantes cuando se les obliga a hacerlo, pero

no tienen el más mínimo sentido de responsabilidad acerca de estos.

Sus acciones tienen poco o nada que ver con su propia voluntad; las cosas "simplemente sucedieron".

No tienen sentido alguno de la causa correcta y en especial, no pueden experimentar, por lo tanto, ninguna sensación de remordimiento o vergüenza.

9. La Personalidad Anti-Social sólo apoya a grupos destructivos, y muestra enojo violento y ataca a cualquier grupo constructivo o de mejoramiento.

10. Este tipo de personalidad sólo aprueba acciones destructivas y lucha contra las acciones o actividades constructivas o de ayuda.

    A menudo se encuentra que el artista, en especial, es un imán para individuos con personalidades anti-sociales, que ven en su arte algo que tiene que destruirse, y encubiertamente, "como un amigo", proceden a intentarlo.

11. Ayudar a los demás es una actividad que casi enloquece a la Personalidad Anti-Social. Sin embargo, colabora estrechamente en actividades que destruyen en nombre de la ayuda.

12. La Personalidad Anti-Social tiene un sentido incorrecto de la propiedad, y piensa que la idea de que alguien posea algo es un pretexto inventado para engañar a la gente. En realidad, nada se posee nunca.

LA RAZÓN BÁSICA

La razón básica de que la Personalidad Anti-Social se comporte como lo hace radica en un terror oculto a los demás.

Para una persona así, cualquier otro ser es un enemigo, un enemigo al que se debe destruir de forma encubierta o manifiesta.

La obsesión es que la supervivencia misma depende de "mantener a los demás oprimidos" o "mantener a la gente en la ignorancia".

Si alguien prometiera hacer a otros más fuertes o más inteligentes, la Personalidad Anti-Social sufriría la angustia extrema del peligro personal.

Su razonamiento es que si tiene tantas dificultades con la gente que le rodea siendo esta débil o estúpida, perecería si alguien se hiciera más fuerte o inteligente.

Una persona así carece de confianza hasta el punto del terror. Generalmente esto está enmascarado y no se manifiesta.

Cuando una personalidad así se vuelve loca, el mundo está lleno de marcianos o agentes del FBI y cada persona con la que se encuentra es, en realidad, un marciano o un agente del FBI.

Pero la mayoría de estas personas no muestra señales externas de locura. Parecen bastante racionales. Pueden ser *muy* convincentes.

Sin embargo, la lista antes mencionada consta de características que una persona así no puede detectar en sí misma. Esto es tan cierto que si pensaste que te encontrabas en alguno de los puntos anteriores, sin duda no eres anti-social. La autocrítica es un lujo que el Anti-Social no puede permitirse. Tienen que tener *razón* porque, según ellos, están en un peligro continuo. Si demostraras que uno de ellos estaba *equivocado,* podrías incluso hacer que se pusiera enfermo de gravedad.

Sólo la persona cuerda, bien equilibrada, trata de corregir su conducta.

ALIVIO

Si eliminaras de tu pasado a las Personas Anti-Sociales que has conocido, y si luego te desconectaras de ellas, podrías experimentar un gran alivio.

De manera similar, si la sociedad reconociera a ese tipo de personalidad como a un ser enfermo, al igual que hoy en día aíslan al que tiene viruela, podrían darse recuperaciones tanto sociales como económicas.

No es muy probable que las cosas mejoren mucho mientras se permita que un 20 por ciento de la población domine y perjudique las vidas y el espíritu emprendedor del 80 por ciento restantes.

Como el estilo político a la orden del día es el gobierno por la mayoría, entonces debería expresarse en nuestras vidas diarias la cordura de la mayoría, sin la interferencia y la destrucción de los socialmente enfermos.

Lo lamentable de esto es que estas personas no permiten que se les ayude, y si se intentara hacerlo, no responderían al tratamiento.

La comprensión de estas personalidades y la capacidad de reconocerlas podría traer un cambio enorme a la sociedad y a nuestras vidas.

La Personalidad Social

Scientology:
Un Nuevo Punto de Vista sobre la Vida

L. Ronald Hubbard

"Como la sociedad funciona, prospera y vive únicamente mediante los esfuerzos de las Personalidades Sociales, es necesario conocerlas, pues son ellas, y no las Anti-Sociales, las que valen la pena. Estas son las personas que deben tener derechos y libertad. Se presta atención a las Anti-Sociales sólo para proteger y ayudar a las Personalidades Sociales de la sociedad".

La Personalidad Social

El hombre, inmerso en sus preocupaciones, es propenso a las cacerías de brujas.

Todo lo que hay que hacer es designar a las "personas que llevan gorro negro" como los malos, y se puede empezar la masacre de personas con gorro negro.

Esta característica hace que sea muy fácil para la Personalidad Anti-Social producir un entorno caótico o peligroso.

En su condición de ser humano, el Hombre no es sereno ni valiente por naturaleza. Y no es necesariamente malvado.

Incluso la Personalidad Anti-Social, a su retorcida manera, está absolutamente segura de que está actuando para lo mejor y normalmente se ve a sí misma como la única persona buena en los alrededores, haciendo todo para el bien de todos; con el único error en su razonamiento de que si uno mata a todos los demás, no queda nadie a quien proteger de los males imaginarios. Su *conducta* en su entorno y hacia sus semejantes es el único método para descubrir tanto a las Personalidades Anti-Sociales como a las Sociales.

Los motivos que tienen para sí mismas son similares: la autoconservación y la supervivencia. Simplemente abordan la tarea de conseguirlos de formas diferentes.

Por lo tanto, como el Hombre no es ni valiente ni sereno por naturaleza, cualquiera tiende, en cierto grado, a estar alerta contra las personas peligrosas y por lo tanto, las cacerías de brujas pueden comenzar.

Por eso resulta aún más importante identificar a la Personalidad Social que a la Personalidad Anti-Social. Así se evita "fusilar" a los inocentes por mero prejuicio, antipatía o debido a alguna mala conducta momentánea.

Se puede definir con más facilidad a la Personalidad Social mediante la comparación con su opuesta, la Personalidad Anti-Social.

Esta distinción se hace fácilmente, y jamás debería idearse ninguna prueba que aísle sólo al Anti-Social. En la misma prueba deben aparecer tanto el nivel más elevado como el más bajo de las acciones del Hombre.

Una prueba que declare sólo Personalidades Anti-Sociales sin poder identificar también a la Personalidad Social sería en sí una prueba supresiva. Sería como responder "sí" o "no" a la pregunta: "¿Todavía le pegas a tu mujer?". Cualquiera que se sometiera a la prueba resultaría culpable. Aunque este mecanismo podría haber sido adecuado en los tiempos de la Inquisición, no se ajustaría a las necesidades modernas.

Como la sociedad funciona, prospera y vive *únicamente* mediante los esfuerzos de las Personalidades Sociales, es necesario conocerlas, pues son *ellas,* y no las Anti-Sociales, las que valen la pena. Estas son las personas que deben tener derechos y libertad. Se presta atención a las Anti-Sociales sólo para proteger y ayudar a las Personalidades Sociales de la sociedad.

Todos los gobiernos por la mayoría, las intenciones civilizadoras e incluso la especie humana, fracasarán a menos que uno pueda identificar y frustrar a las Personalidades Anti-Sociales y ayudar y apoyar a las Personalidades Sociales de la sociedad. Porque la misma palabra "sociedad" implica conducta social, y sin esta no hay sociedad alguna, sólo una barbarie en la que todos los hombres, buenos o malos, están en riesgo.

El punto débil de enseñar cómo se puede reconocer a las personas dañinas es que estas pueden aplicar esas características a las personas decentes para hacer que se les persiga y erradique.

El canto del cisne de toda gran civilización es la melodía que tocan las flechas, las hachas o las balas que usa el Anti-Social para asesinar a los últimos hombres decentes.

El gobierno sólo es peligroso cuando lo pueden emplear Personalidades Anti-Sociales y para fines de Personalidades Anti-Sociales. El resultado final es la erradicación de todas las Personalidades Sociales, y el derrumbamiento resultante de Egipto, Babilonia, Roma, Rusia o de Occidente.

Notarás, en las características de la Personalidad Anti-Social, que la inteligencia no es una pista para descubrirla. Son inteligentes, estúpidas o de capacidad media. Por lo tanto, los que son extremadamente inteligentes pueden ascender a alturas considerables, incluso a la altura de jefe de estado.

La importancia y la capacidad o el deseo de ascender por encima de los demás tampoco son indicios de los Anti-Sociales. Sin embargo, cuando llegan a ser importantes o a ascender, son bastante visibles por las amplias consecuencias de sus actos. Pero igualmente pueden ser personas sin importancia, o que ocupan cargos muy modestos y no desean nada mejor.

Así, las doce características presentadas son las únicas que identifican a la Personalidad Anti-Social. Y estas doce, invertidas, son los únicos criterios de la Personalidad Social, si uno desea ser veraz respecto a ellas.

La identificación de una Personalidad Anti-Social o la acción de ponerle la etiqueta como tal no se puede hacer con honestidad y exactitud a menos que en el mismo examen de la persona *también,* revisemos el aspecto positivo de su vida.

Todas las personas bajo estrés pueden reaccionar con arranques momentáneos de conducta anti-social. Eso no las hace Personalidades Anti-Sociales.

La verdadera Persona Anti-Social tiene una mayoría de características anti-sociales.

La Personalidad Social tiene una mayoría de características sociales.

Así que se necesita examinar lo bueno con lo malo, antes de poder etiquetar verdaderamente al Anti-Social o al Social.

Al revisar asuntos como estos, lo mejor es obtener testimonios y pruebas muy amplios. Uno o dos casos aislados no determinan nada. Debemos buscar todas y cada una de las doce características sociales y todas y cada una de las doce anti-sociales, y decidir basándonos en pruebas reales, no en opiniones.

Las doce características primarias de la Personalidad Social son las siguientes:

1. La Personalidad Social es concreta cuando relata circunstancias. "Pepe Pérez dijo...", "El periódico La *Estrella* informó...", y proporciona las fuentes de la información cuando es importante o posible.

   Puede usar la generalidad "ellos" o "la gente", pero raras veces en relación con la atribución de declaraciones u opiniones de carácter alarmante.

2. La Personalidad Social está ansiosa por transmitir buenas noticias, y se muestra poco dispuesta a transmitir las malas.

   Es posible que ni siquiera se moleste en transmitir alguna crítica cuando no tiene importancia.

Está más interesada en hacer que el otro sienta que los demás le tienen simpatía o aprecio más que antipatía y tiende más a errar tranquilizando que criticando.

3. Una Personalidad Social transmite la comunicación sin mucha alteración y, de omitir algo, tiende a omitir asuntos ofensivos.

   No le gusta herir los sentimientos de los demás. A veces yerra al retener malas noticias u órdenes que parecen críticas o crueles.

4. El tratamiento, la reforma y la psicoterapia (en particular de naturaleza leve) funcionan muy bien en la Personalidad Social.

   Aunque las Personas Anti-Sociales a veces prometen reformarse, no lo hacen. Sólo la Personalidad Social puede cambiar o mejorar con facilidad.

   A menudo, es suficiente indicarle a una Personalidad Social una conducta indeseada para que la mejore por completo.

   No son necesarios los códigos penales ni el castigo violento para regular a las Personalidades Sociales.

5. Los amigos y compañeros de una Personalidad Social tienden a estar bien, a ser felices y a tener buen estado de ánimo.

   Una Personalidad Social verdadera muy a menudo produce una mejoría de salud o éxito con su sola presencia en el área.

   Por lo menos, no reduce los niveles existentes de salud o estado de ánimo de sus compañeros.

   Cuando se pone enferma, la Personalidad Social se cura o se recupera de la forma esperada y responde al tratamiento con buenos resultados.

6. La Personalidad Social tiende a seleccionar los objetivos correctos para su corrección.

   Arregla el neumático que está desinflado, en vez de golpear el parabrisas.

Por lo tanto, en las artes mecánicas puede reparar cosas y hacer que funcionen.

7. En general, la Personalidad Social termina los ciclos-de-acción una vez comenzados, siempre que sea posible.
8. La Personalidad Social se avergüenza de sus fechorías y está poco dispuesta a confesarlas. Se responsabiliza de sus errores.
9. La Personalidad Social apoya a los grupos constructivos y tiende a oponerse a los grupos destructivos o a protestar contra ellos.
10. La Personalidad Social protesta contra las acciones destructivas. Apoya las acciones constructivas o de ayuda.
11. La Personalidad Social ayuda a los demás y se opone activamente a actos que los dañen.
12. Para la Personalidad Social, la propiedad pertenece a alguien, e impide o desaprueba el robo o abuso de ella.

LA MOTIVACIÓN BÁSICA

La Personalidad Social actúa, de forma natural, basándose en el mayor bien.

No la persiguen enemigos imaginarios, sino que reconoce a los enemigos verdaderos cuando existen.

La Personalidad Social quiere sobrevivir y desea que los demás sobrevivan, mientras que la Personalidad Anti-Social, de manera real y encubierta, quiere que los demás sucumban.

Básicamente, la Personalidad Social quiere que los demás sean felices y que les vaya bien, mientras que la Personalidad Anti-Social es muy hábil en hacer que a los demás les vaya realmente mal.

Su éxito no es un indicio básico de la Personalidad Social, sino sus motivaciones. Cuando tiene éxito, la Personalidad Social es, a menudo, el blanco de la Anti-Social, y por esta razón puede fracasar. Pero

sus intenciones incluían que otros tuvieran éxito, mientras que la Anti-Social sólo valora con gran estima la ruina de los demás.

A menos que podamos descubrir a la Personalidad Social y mantenerla a salvo de la represión inmerecida, y podamos descubrir también a la Anti-Social y refrenarla, nuestra sociedad continuará sufriendo por la demencia, la criminalidad y la guerra, y el Hombre y la civilización no perdurarán.

De todas nuestras destrezas técnicas, esa diferenciación está en el lugar más alto, ya que de fallar, ninguna otra destreza puede continuar; pues la civilización, que es la base sobre la que actúa, no estará aquí para darle continuidad.

No aplastes a la Personalidad Social; y no dejes de hacer ineficaz a la Anti-Social en sus esfuerzos por dañar a los demás.

El simple hecho de que un hombre ascienda por encima de sus semejantes o asuma un puesto importante no hace de él una Personalidad Anti-Social. El simple hecho de que un hombre pueda controlar o dominar a otros no hace de él una Personalidad Anti-Social.

Lo que distingue al Anti-Social del Social son sus motivos al hacerlo y las consecuencias de sus actos.

A menos que nos demos cuenta de las verdaderas características de los dos tipos de personalidad y las apliquemos, continuaremos viviendo en la incertidumbre de quiénes son nuestros enemigos, y al hacer esto, discriminaremos a nuestros amigos.

Todos los hombres han cometido actos de violencia u omisión por los que podrían ser censurados. En toda la Humanidad no existe un solo ser humano que sea perfecto.

Pero existen los que tratan de hacer el bien y los que se especializan en el mal y basándose en estos hechos y características, los puedes conocer.

La Ley del Tercer Partido

Scientology:
Un Nuevo Punto de Vista sobre la Vida

L. Ronald Hubbard

"No hay conflictos que no se puedan resolver, a menos que los verdaderos promotores de los mismos permanezcan ocultos".

La Ley del Tercer Partido

Durante mucho tiempo he estudiado las causas de la violencia y el conflicto entre individuos y naciones.

Si Caldea pudo desvanecerse, si Babilonia pudo reducirse al polvo, si Egipto pudo convertirse en una tierra yerma, si Sicilia, que tuvo 160 ciudades prósperas, pudo convertirse en unas ruinas saqueadas antes del año cero y ser desde entonces casi un desierto, y todo esto *a pesar* de todo el trabajo y la sabiduría y los buenos deseos y las buenas intenciones de los seres humanos, tiene que deducirse entonces que, tan cierto como que la oscuridad sigue a la puesta del sol, tiene que haber algo desconocido para el Hombre en cuanto a todas sus obras y usanzas. Y que este algo tiene que ser tan mortífero y tan penetrante como para destruir todas sus ambiciones y sus posibilidades mucho antes de tiempo.

Ese algo tendría que ser alguna ley natural sobre la que no tiene ninguna noción.

Y *existe* una ley así, aparentemente, una ley que responde a estas condiciones de ser mortífera, desconocida y de abarcar todas las actividades.

La ley parecería ser:

UN TERCER PARTIDO HA DE ESTAR PRESENTE Y HA DE SER DESCONOCIDO, EN TODA DISPUTA, PARA QUE EXISTA UN CONFLICTO.

O

PARA QUE OCURRA UNA DISPUTA, UN TERCER PARTIDO DESCONOCIDO HA DE ESTAR ACTIVO PRODUCIÉNDOLA ENTRE LOS DOS OPONENTES POTENCIALES.

O

AUNQUE COMÚNMENTE SE PIENSA QUE SE REQUIEREN DOS PERSONAS PARA OCASIONAR UNA PELEA, HA DE EXISTIR UN TERCER PARTIDO Y ESTE HA DE DESARROLLARLA, PARA QUE TENGA LUGAR UN CONFLICTO DE VERDAD.

Es muy fácil ver que dos en conflicto se están peleando. Son muy visibles. Lo que es más difícil de ver o sospechar es que existió un Tercer Partido y que este promovió activamente la pelea.

El Tercer Partido normalmente insospechado y "lógico", el espectador que niega tener nada que ver con ello, *es* el que ha ocasionado que el conflicto exista en primer lugar.

Se descubrirá que el Tercer Partido oculto, que a veces parece apoyar sólo a una de las partes, es el instigador.

Esta es una ley útil en muchos aspectos de la vida.

Es la causa de la guerra.

Uno ve a dos individuos insultándose mutuamente, les ve llegar a las manos. No hay nadie alrededor. Así que *ellos*, por supuesto, son los que han "causado la pelea". Pero *había* un Tercer Partido.

Al rastrear estos, uno se encuentra con datos increíbles. Ese es el problema. Lo increíble se descarta demasiado fácilmente. Una forma de ocultar las cosas es hacerlas increíbles.

El Oficinista A y el Mensajero B han estado discutiendo. Estallan en conflicto abierto. Cada uno culpa al otro. *Ninguno de los dos tiene razón, y así la disputa no se resuelve, pues su verdadera causa no se ha determinado.*

Uno mira en un caso así *a fondo*. Encuentra lo increíble. La mujer del Oficinista A ha estado acostándose con el Mensajero B y quejándose con cada uno sobre el otro.

El Granjero J y el Ganadero K se han estado haciendo pedazos durante años de conflicto continuo. Hay razones obvias y lógicas para la pelea. Pero esta continúa y no se resuelve. Una investigación minuciosa descubre al Banquero L que, debido a las pérdidas de aquellos en la pelea, puede prestarle dinero a ambos bandos, mientras que hace que la pelea siga, y que al final se quedará con todas sus tierras si los dos pierden.

También se produce a mayor escala. Las fuerzas revolucionarias y el gobierno ruso estaban en conflicto en 1917. Las razones son tantas que la atención se queda fácilmente fija en ellas. Pero sólo cuando se obtuvieron los papeles oficiales de estado de Alemania en la Segunda Guerra Mundial, se reveló que *Alemania* había promovido la rebelión y financiado a Lenin para que la iniciara, ¡incluso mandándolo a Rusia en un tren de incógnito!

Cuando se examinan las peleas "personales", los conflictos de grupos, las batallas entre naciones, se encuentra, si se investiga, el Tercer Partido, del que ninguno de los dos combatientes sospechaba o, de haber existido alguna sospecha, esta se había descartado como "fantástica". Sin embargo, documentación detallada finalmente lo ratifica.

Este dato es fabulosamente útil.

En las peleas matrimoniales, el enfoque *correcto* por parte de cualquiera que esté asesorando es hacer que las dos partes busquen cuidadosamente el *Tercer* Partido. Al principio puede que lleguen a muchas *razones*. Estas *razones* no son *seres*. Se está buscando un Tercer *Partido*, un *ser* real. Cuando ambos encuentren el Tercer Partido y tengan la prueba, eso acabará con la pelea.

A veces dos partes que se están peleando de repente deciden elegir a alguien a quien echarle la culpa. Esto detiene la pelea. A veces no es el ser correcto y de ahí en adelante las peleas continúan.

Dos naciones que estuvieran enzarzadas violentamente deberían procurar conferenciar o dialogar entre sí para entresacar y localizar al verdadero Tercer Partido. Siempre encontrarán uno, si miran, y *pueden* descubrir el correcto. Pues se descubrirá que de hecho existe.

Hay probablemente muchos enfoques técnicos que uno podría desarrollar y esbozar en este asunto.

Hay muchos fenómenos extraños conectados con él. Cuando se localiza a un Tercer Partido de forma precisa, por lo general ninguna de las partes entabla una lucha contra él en absoluto, sino que sólo se le vuelve la espalda.

Los conflictos matrimoniales son comunes. Los matrimonios se pueden salvar si las dos partes realmente determinan *quién* causó los conflictos. Puede que hayan existido (en todo el historial del matrimonio) varios, pero sólo uno a la vez.

Las peleas entre un individuo y una organización casi siempre están causadas por un Tercer Partido individual o por un tercer grupo. La organización y el individuo deberían reunirse y aislar al Tercer Partido mostrándose mutuamente todos los datos que se les ha dado a cada uno.

Tanto los participantes en disturbios como los gobiernos podrían ponerse de acuerdo otra vez si se pudiera conseguir que representantes de ambos bandos se confiaran mutuamente lo que se les ha contado y *quién* se lo dijo.

Tales reuniones han tendido a tratar sólo acerca de recriminaciones, condiciones o abusos. Deben tratar únicamente acerca de seres, para que tengan éxito.

Se podría pensar que esta teoría también afirma que no hay malas condiciones que causen conflicto. Sí las hay. Pero normalmente, estas *se pueden remediar por medio de una reunión, a menos que un Tercer Partido esté promoviendo el conflicto.*

En la historia tenemos una opinión muy adulterada del pasado porque esta está relatada basada en las recriminaciones de dos oponentes, sin haber localizado el Tercer Partido.

"Las causas subyacentes" a la guerra debería interpretarse como "los promotores ocultos".

No hay conflictos que no se puedan resolver, a menos que los verdaderos promotores de los mismos permanezcan ocultos.

Esta es la ley natural que ni los antiguos, ni los modernos, conocían.

Y al no conocerla, siendo desviadas hacia "razones", civilizaciones enteras han perecido.

Vale la pena conocerla.

Vale la pena trabajar con ella en cualquier situación en la que uno esté tratando de traer paz.

L. Ronald Hubbard

Sobre la Honestidad y la Ética

La Gente Honesta Tiene Derechos, También

L. Ronald Hubbard

*"El día en que podamos confiar
plenamente los unos en los otros,
habrá paz sobre la Tierra".*

La Gente Honesta Tiene Derechos, También

Después de que hayas alcanzado un elevado nivel de capacidad, serás el primero en insistir en tu derecho a vivir con gente honesta.

Cuando conoces la tecnología de la mente, sabes que es un error usar los "derechos individuales" y la "libertad" como argumentos para proteger a aquellos que sólo destruirían.

Los derechos individuales no se originaron para proteger a los criminales, sino para proporcionar libertad a los hombres honestos. Dentro de esta área de protección es donde se lanzaron entonces aquellos que necesitaban "libertad" y "libertad individual" para encubrir sus propias actividades sospechosas.

La libertad es para las personas honestas. Ningún hombre que no sea honesto puede ser libre; él es su propia trampa. Cuando sus propias acciones no se pueden revelar, es entonces un preso; tiene que ocultarse de sus semejantes y es un esclavo de su propia consciencia. La libertad se tiene que merecer antes de que cualquier libertad sea posible.

Proteger a personas deshonestas es condenarlas a sus propios infiernos. Al hacer de los "derechos individuales" un sinónimo de "proteger al criminal" se ayuda a crear un estado de esclavos para todos; porque donde se abusa de la "libertad individual" surge con ello una intranquilidad que a la larga se nos lleva a todos por delante. Los blancos de todas las leyes disciplinarias son los pocos que yerran. Tales leyes, desafortunadamente, también dañan y restringen a quienes no yerran. Si todos fueran honestos, no habría amenazas disciplinarias.

Sólo hay un camino de salida para la persona deshonesta: encarar sus propias responsabilidades en la sociedad y volverse a poner en comunicación con sus semejantes, con su familia y con el mundo en general. Al intentar invocar sus "derechos individuales" para protegerse de una inspección de sus actos, reduce, exactamente en esa medida, el futuro de la libertad individual: porque ella misma no es libre. Sin embargo, infecta a otros que son honestos al usar el derecho *de ellos* a la libertad para protegerse a sí misma.

La cabeza del que tiene una consciencia culpable no descansa tranquila. Y no descansará más tranquila tratando de proteger las malas acciones con alegatos de que "la libertad significa que nunca debes mirarme". El derecho de una persona a sobrevivir está directamente relacionado con su honestidad.

La libertad del Hombre no significa libertad para perjudicar al Hombre. La libertad de expresión no significa libertad para dañar con mentiras.

El Hombre no puede ser libre mientras existan a su alrededor quienes sean esclavos de sus propios terrores.

La misión de una sociedad tecnoespacial es subordinar y controlar al individuo con coacción económica y política. La única víctima en una era de la máquina es el individuo y su libertad.

Para preservar esa libertad, uno no debe permitir que los hombres oculten sus intenciones malignas bajo la protección de esa libertad. Para que un hombre sea libre, debe ser honesto consigo mismo y con sus semejantes. Si un hombre usa su propia honestidad para protestar contra el desenmascaramiento de la deshonestidad, entonces ese hombre es un enemigo de su propia libertad.

Podemos permanecer a la luz del sol sólo en la medida en que no permitamos que las acciones de los demás traigan la oscuridad.

La libertad es para los hombres honestos. La libertad individual sólo existe para aquellos que tienen la capacidad de ser libres.

Hoy en día, en Scientology, sabemos quién es el carcelero: la persona misma. Y podemos restaurar su derecho a permanecer a la luz del sol erradicando el mal que los hombres se hacen a sí mismos.

¿Quién castigaría cuando pudiera salvar? Sólo un loco rompería un objeto deseado cuando pudiera repararlo, y nosotros no estamos locos.

El individuo no debe perecer en esta era de la máquina, haya derechos o no haya derechos. El criminal y el loco no deben triunfar con sus instrumentos de destrucción recién descubiertos.

La persona menos libre es la que no puede revelar sus propios actos y que protesta por la revelación de los actos inapropiados de los demás. Sobre este tipo de personas se construirá una esclavitud política futura, en la que todos tendremos un número (y nuestra culpa) a menos que actuemos.

Es fascinante que el chantaje y el castigo sean característicos de todas las operaciones oscuras. ¿Qué ocurriría si estas dos cosas ya no existieran? ¿Qué ocurriría si todos los hombres fueran lo bastante libres como para hablar? Entonces, y sólo entonces, tendrías libertad.

El día en que podamos confiar plenamente los unos en los otros, habrá paz sobre la Tierra.

DESTINO: LIBERTAD TOTAL

La *Tabla de Niveles y Diplomas de Clasificación, Grados y Consciencia* es tu Puente hacia la Libertad Total. Te indica qué pasos debes dar, uno tras otro, para alcanzar ese destino. Alcanza tu eternidad. Llena la tarjeta con los datos siguientes y envíala para recibir un ejemplar *gratuito* de la tabla.

NOMBRE LIBRO CON EL QUE VINO ESTA TARJETA

DIRECCIÓN

CIUDAD

ESTADO/PROVINCIA CÓDIGO POSTAL

TELÉFONO E-MAIL

www.scientology.org

NO POSTAGE
NECESSARY
IF MAILED
IN THE
UNITED STATES

BUSINESS REPLY MAIL

FIRST-CLASS MAIL   PERMIT NO. 62688   LOS ANGELES CA

POSTAGE WILL BE PAID BY ADDRESSEE

BRIDGE PUBLICATIONS, INC.
4751 FOUNTAIN AVE
LOS ANGELES CA 90029-9949

Ética, Justicia y las Dinámicas

Scientology:
Un Nuevo Punto de Vista sobre la Vida

L. Ronald Hubbard

"Si el Hombre tan
sólo conociera la simple
Tecnología de Ética, podría
lograr para sí el amor propio,
la satisfacción personal
y el éxito que sólo cree ser
capaz de soñar, no de lograr".

ÉTICA, JUSTICIA Y LAS DINÁMICAS

TODO SER TIENE una capacidad infinita para sobrevivir. Lo bien que llegue a lograrlo depende de lo bien que use la ética en sus dinámicas*.

La Tecnología de Ética existe para el individuo.

Existe para darle al individuo una forma de aumentar su supervivencia y así liberarse a sí mismo de la espiral descendente de la cultura actual.

LA ÉTICA

El tema completo de la ética es un tema que, con la sociedad en el estado en que se encuentra actualmente, ha llegado casi a perderse.

De hecho, la ética consiste en racionalidad hacia el más alto nivel de supervivencia para el individuo, la raza futura, el grupo, la humanidad y las demás dinámicas tomadas colectivamente.

La ética es razón.

El arma más poderosa del Hombre es su razón.

*Véase *Las Ocho Dinámicas* en este libro.

El nivel más alto de ética serían conceptos de supervivencia a largo plazo con destrucción mínima, a lo largo de todas las dinámicas.

La solución óptima a cualquier problema sería aquella solución que produjera los mayores beneficios al mayor número de dinámicas. La peor solución sería aquella solución que produjera el mayor daño al mayor número de dinámicas.

Las actividades que aportaran un mínimo de supervivencia a un menor número de dinámicas y dañaran la supervivencia de un mayor número de dinámicas no se podrían considerar actividades racionales.

Una de las razones de que esta sociedad esté muriéndose y todo lo demás, es que ha llegado a estar demasiado fuera-de-ética. La conducta racional y las soluciones óptimas han dejado de usarse hasta un punto en que la sociedad está en vías de extinción.

Con *fuera-de-ética* queremos decir una acción o situación en la que el individuo está involucrado, o algo que el individuo hace, que va en contra de los ideales, los mejores intereses y la supervivencia de sus dinámicas.

Que un hombre desarrolle un arma capaz de destruir toda la vida en este planeta (como en el caso de las armas atómicas y ciertas drogas ideadas por el ejército) y la ponga en manos de políticos criminalmente dementes, obviamente no es un acto de supervivencia.

Que el gobierno provoque y cree activamente la inflación hasta tal punto que la depresión sea una verdadera amenaza para los individuos de esta sociedad, es una acción contra-supervivencia por no decir algo peor.

Esto llega a ser una chifladura tal, que en una de las sociedades del Pacífico Sur, el infanticidio se convirtió en una pasión dominante. Había un suministro limitado de alimento y querían mantener bajo el índice de natalidad. Comenzaron a usar el aborto, y si esto no daba resultado mataban a los niños. Su Segunda Dinámica se vino abajo. Esa sociedad prácticamente ha desaparecido.

Estos son actos calculados para ser destructivos y dañinos para la supervivencia de la gente de la sociedad.

La ética son las medidas que el individuo toma consigo mismo para alcanzar la supervivencia óptima para sí mismo y para los demás en todas las dinámicas. Las acciones éticas son acciones de supervivencia. Sin el uso de la ética no sobreviviremos.

Sabemos que el Principio Dinámico de la Existencia es: ¡SOBREVIVE!

A primera vista eso puede parecer demasiado básico. Puede parecer demasiado simple. Cuando uno piensa en la supervivencia, está propenso a cometer el error de pensar en términos de "lo estrictamente necesario". Eso no es supervivencia. La supervivencia es una escala graduada, con el infinito o la inmortalidad en la parte superior y la muerte y el dolor en la parte inferior.

EL BIEN Y EL MAL, LO CORRECTO Y LO INCORRECTO

Hace años descubrí y demostré que el Hombre es básicamente bueno. Esto significa que la personalidad básica y las intenciones básicas del individuo hacia sí mismo y hacia los demás son buenas.

Cuando una persona se descubre a sí misma cometiendo demasiados actos dañinos contra las dinámicas, se convierte en su propio verdugo. Esto nos da la prueba de que el Hombre es básicamente bueno. Cuando se descubre a sí mismo cometiendo demasiadas maldades, entonces, ya sea causativamente, inconscientemente o inadvertidamente, el Hombre pone la ética dentro en sí mismo destruyéndose, y acaba consigo mismo sin ayuda de nadie más.

Esta es la razón de que el criminal deje pistas en el escenario del crimen, de que las personas desarrollen extrañas enfermedades que los imposibilitan y de que se provoquen accidentes a sí mismos e incluso decidan tener un accidente. Cuando violan su propia ética, comienzan a decaer. Esto lo hacen por sí mismos, sin que nadie más haga nada.

El criminal que deja pistas tras él, lo hace con la esperanza de que aparezca alguien que le impida continuar dañando a los demás. Él es *básicamente* bueno y no quiere dañar a los demás. Y al carecer de la capacidad de detenerse completamente a sí mismo, trata de poner la ética dentro en sí mismo haciéndose encarcelar para así no poder cometer más crímenes.

De manera similar, la persona que se imposibilita con una enfermedad o se involucra en un accidente, está poniendo la ética dentro en sí misma reduciendo su capacidad de dañar y puede que incluso alejándose totalmente del entorno que ha estado dañando. Cuando tiene intenciones malignas, cuando está siendo "intencionalmente malvada", aún sigue teniendo un impulso de detenerse a sí misma también. Trata de suprimir esas intenciones y cuando no puede hacerlo directamente, lo hace indirectamente. El mal, la enfermedad y la decadencia a menudo van de la mano.

El Hombre es básicamente bueno. Es básicamente bienintencionado. No quiere ni dañarse a sí mismo ni a los demás. Cuando un individuo daña a las dinámicas, se destruirá a sí mismo en un esfuerzo por salvar a esas dinámicas. Esto se puede demostrar y se ha demostrado en innumerables casos. Es este hecho lo que prueba que el Hombre es básicamente bueno.

Sobre esta base, tenemos los conceptos de correcto e incorrecto.

Cuando hablamos de ética, estamos hablando de conducta correcta e incorrecta. Estamos hablando del bien y el mal.

Se puede considerar que el bien es cualquier acción constructiva de supervivencia. Resulta que no puede haber ninguna construcción sin alguna pequeña destrucción, al igual que se debe derribar el destartalado bloque de pisos con el fin de hacer sitio para el nuevo edificio de departamentos.

Para que algo sea bueno, debe contribuir al individuo, a su familia, a sus hijos, a su grupo, a la Humanidad o a la vida. Para que algo sea bueno, debe contener construcción que supere la destrucción que contenga. Una nueva cura que salva cien vidas y mata una es una cura aceptable.

El bien es supervivencia. El bien es tener más razón que lo equivocado que se esté. El bien es tener más éxito que fracaso en cuestiones constructivas.

Las cosas que complementan la supervivencia del individuo, su familia, su prole, su grupo, la Humanidad, la vida y el MEST, son buenas.

Los actos que son más beneficiosos que destructivos en estas dinámicas, son buenos.

El mal es lo opuesto al bien, y es cualquier cosa que sea más destructiva que constructiva en cualquiera de las diversas dinámicas. Algo que causa más destrucción que construcción es maligno desde el punto de vista del individuo, la raza futura, el grupo, la especie, la vida o el MEST que destruye.

Cuando un acto es más destructivo que constructivo es maligno. Es fuera-de-ética. Cuando un acto ayuda a sucumbir más de lo que ayuda a la supervivencia, es un acto maligno en la medida en que destruye.

El bien, lisa y llanamente, es supervivencia. La conducta ética es supervivencia. La conducta maligna es contra-supervivencia. La construcción es buena cuando fomenta la supervivencia. La construcción es maligna cuando inhibe la supervivencia. La destrucción es buena cuando mejora la supervivencia.

Un acto o conclusión es correcto en la medida en que fomenta la supervivencia del individuo, la raza futura, el grupo, la Humanidad o la vida que llega a la conclusión. Tener razón completamente sería sobrevivir hasta el infinito.

Un acto o conclusión es incorrecto en la medida en que es contra-supervivencia para el individuo, la raza futura, el grupo, la especie o la vida responsable de realizar ese acto o de llegar a esa conclusión.

Lo más equivocada que una persona puede estar en la Primera Dinámica es muerta.

El individuo o grupo que, por término medio, está más en lo correcto que en lo incorrecto (puesto que estos términos no son absolutos, ni mucho menos) debería sobrevivir. Un individuo que, por término medio, está más en lo incorrecto que en lo correcto, sucumbirá.

Aunque no podría existir la corrección absoluta ni la incorrección absoluta, una acción correcta dependería de que ayudara a la supervivencia de las dinámicas directamente involucradas, una acción incorrecta impediría la supervivencia de las dinámicas involucradas.

Veamos ahora cómo encajan estos conceptos de correcto e incorrecto en nuestra sociedad actual.

Esta es una sociedad agonizante. La ética es algo que ha llegado a estar tan fuera y que se comprende tan poco, que esta cultura va camino de sucumbir a una velocidad peligrosa.

Una persona no se va a reanimar, esta sociedad no va a sobrevivir, a menos que la Tecnología de Ética se comprenda bien y se aplique.

Cuando vemos la inflación, la crisis del petróleo, la corrupción del gobierno, la guerra, el crimen, la demencia, las drogas, la promiscuidad sexual, etc., estamos viendo una cultura en vías de extinción. Este es el resultado directo de que los individuos no apliquen la ética a sus dinámicas.

Esto en realidad comienza con la ética individual.

La conducta deshonesta es contra-supervivencia. Cualquier cosa que produzca la destrucción de los individuos o de los grupos o inhiba el futuro de la especie, es irracional o maligna.

El que una persona mantenga su palabra cuando esta se ha dado solemnemente, es un acto de supervivencia, puesto que entonces se le tendrá confianza, pero sólo mientras mantenga su palabra.

Para el débil, para el cobarde, para el censurablemente irracional, los tratos deshonestos y clandestinos, perjudicar a los demás y frustrar sus esperanzas, parecen ser la única forma de conducirse en la vida.

La conducta no ética es en realidad la conducta de la destrucción y el miedo. Las mentiras se dicen porque uno tiene miedo de las consecuencias si dijera la verdad. Los actos destructivos por lo general se hacen por miedo. Así pues, el mentiroso es inevitablemente un cobarde, y el cobarde es inevitablemente un mentiroso.

La mujer sexualmente promiscua, el hombre que falta a la palabra dada a un amigo, el pervertido insaciable, se dedican todos a asuntos tan contra-supervivencia que la degradación y la desdicha son parte fundamental e inseparable de su existencia.

Es probable que a algunos les parezca completamente normal y perfectamente bien vivir en una sociedad sumamente degradada, llena de criminales, drogas, guerra y demencia, en la que nos encontramos ante una amenaza constante de aniquilación total de la vida en este planeta.

Bueno, permíteme decirte que esto no es normal y no es necesario. *Es* posible llevar vidas felices y productivas sin que los individuos tengan que preocuparse de si les van a robar o no si salen a la calle, o de si Rusia va a declarar la guerra a los Estados Unidos. Es una cuestión de ética. Es simplemente una cuestión de que los individuos apliquen la ética a sus vidas y tengan sus dinámicas en comunicación y sobreviviendo.

LOS PRINCIPIOS MORALES

Ahora tenemos la ética como supervivencia. Pero ¿qué hay de cosas como los principios morales, los ideales, el amor? ¿No están estas cosas por encima de la "mera supervivencia"? No, no lo están.

Las novelas románticas y la televisión nos enseñan que el héroe siempre vence y que el bien siempre triunfa. Pero parece ser que el héroe no siempre vence y que el bien no siempre triunfa. Adoptando una perspectiva limitada, podemos ver que la maldad triunfa por todas partes a nuestro alrededor. La verdad del asunto es que tarde o temprano la maldad va a perder. Uno no puede ir por la vida convirtiendo en víctimas a sus semejantes sin acabar de otra forma que no sea atrapado: siendo la víctima él mismo.

No obstante, uno no observa esto en el curso normal de la vida. Uno ve que los granujas tienen éxito por doquier, amasando dinero de manera evidente, desollando vivos a sus semejantes, beneficiándose de los fallos de los tribunales y llegando a gobernar a los hombres.

Si uno no observa la consecuencia final de esto, que está ahí precisamente con tanta seguridad como que el sol sale y se pone, uno comienza a creer que el mal triunfa, aunque se le haya enseñado que sólo triunfa el bien. Esto puede hacer que la persona misma experimente un fracaso y, de hecho, puede causar su perdición.

En cuanto a los ideales, a la honestidad, al amor que uno tiene por su prójimo, uno no puede encontrar una buena supervivencia para sí mismo ni para muchos cuando estas cosas están ausentes.

El criminal no sobrevive bien. El criminal medio pasa la mayor parte de su madurez enjaulado como si fuera una bestia salvaje y vigilado por los rifles de buenos tiradores que le impiden escapar.

A un hombre conocido por su honestidad se le recompensa con supervivencia: buenos trabajos, buenos amigos. Y el hombre que tiene sus ideales, independientemente de cuánto se le pueda persuadir para que los abandone, sobrevive bien sólo en la medida en que sea fiel a esos ideales.

¿Alguna vez has visto a un médico que, motivado por el beneficio personal, comienza a atender secretamente a criminales o a traficar con drogas? Ese médico no sobrevive mucho después de abandonar sus ideales.

Los ideales, los principios morales, la ética, son parte todos de esta forma de entender la supervivencia. Uno sobrevive mientras sea

fiel a sí mismo, a su familia, a sus amigos, a las leyes del universo. Cuando falla en cualquier aspecto, su supervivencia se reduce.

En los diccionarios modernos, encontramos que la *ética* se define como "principios morales", y que los *principios morales* se definen como "ética". Estas dos palabras *no* son intercambiables.

Los *principios morales* deberían definirse como un código de buena conducta establecido por la experiencia de la humanidad para servir como criterio uniforme para la conducta de los individuos y los grupos.

Los principios morales son en realidad leyes.

El origen de un código moral se produce cuando se descubre, mediante experiencia real, que cierto acto es más contra-supervivencia que pro-supervivencia. La prohibición de este acto entra entonces a formar parte de las costumbres de la gente y puede a la larga convertirse en una ley.

A falta de mayores poderes de razonamiento, los códigos morales, siempre y cuando proporcionen una supervivencia mejor para su grupo, son una parte vital y necesaria de cualquier cultura.

No obstante, los principios morales se convierten en una carga onerosa y se protesta contra ellos cuando se vuelven anticuados. Y aunque la rebelión contra los principios morales pueda tener como objetivo expreso el hecho de que el código ya no es tan pertinente como lo era en su día, las rebeliones contra los códigos morales generalmente ocurren porque los individuos del grupo o el grupo en sí se han vuelto fuera-de-ética hasta tal punto que desean practicar el libertinaje contra estos códigos morales, no porque los códigos en sí sean irrazonables.

Si un código moral fuera completamente racional, se podría considerar, al mismo tiempo, completamente ético. Pero sólo en este nivel superior se podría decir que los dos son lo mismo.

Lo máximo en cuanto a razón es lo máximo en cuanto a supervivencia.

La conducta ética incluye la adhesión a los códigos morales de la sociedad en que vivimos.

JUSTICIA

Cuando un individuo no consigue aplicar la ética en sí mismo y no consigue actuar de acuerdo a los códigos morales del grupo, la justicia entra en acción.

En general, la gente no se da cuenta de que el criminal no sólo es anti-social, sino que también es anti-sí-mismo.

Una persona que está fuera-de-ética, que tiene sus dinámicas fuera de comunicación, es un criminal potencial o activo, pues continuamente perpetra crímenes contra las acciones pro-supervivencia de otros. El *crimen* podría definirse como la reducción del nivel de supervivencia a lo largo de cualquiera de las ocho dinámicas.

La justicia se usa cuando el propio comportamiento fuera-de-ética y destructivo del individuo comienza a afectar demasiado seriamente a otros.

En una sociedad regida por criminales y controlada por una policía incompetente, los ciudadanos identifican reactivamente cualquier acción o símbolo de justicia con la opresión.

Pero tenemos una sociedad llena de gente que no se aplica la ética a sí misma, y a falta de verdadera ética, uno no puede vivir con los demás y la vida resulta lamentable. Por lo tanto tenemos la justicia, que se desarrolló para proteger al inocente y al decente.

Cuando un individuo no consigue aplicarse la ética a sí mismo ni actuar de acuerdo a los códigos morales, la sociedad toma medidas de justicia contra él.

La justicia, aunque por desgracia no se puede dejar en manos del Hombre, tiene como intención y propósito básicos la supervivencia y el bienestar de aquellos a quienes sirve. No obstante, la justicia no sería necesaria si tuvieras individuos lo bastante cuerdos y éticos para no intentar cercenar la supervivencia de los demás.

La justicia se usaría hasta que la ética propia de la persona la convirtiera en compañía adecuada para sus semejantes.

LA ÉTICA, LA JUSTICIA Y TU SUPERVIVENCIA

En el pasado, el tema de la ética en realidad no se ha mencionado demasiado. La justicia sí que se mencionó, sin embargo. Los sistemas de justicia se han usado durante mucho tiempo como sustitutivo de los sistemas de ética. Pero cuando tratas de reemplazar la ética por la justicia, te metes en dificultades.

El Hombre no ha tenido un auténtico medio funcional de aplicarse la ética a sí mismo. Los temas de la ética y de la justicia han estado terriblemente aberrados.

Ahora hemos puesto en orden la Tecnología de la Ética y de la Justicia. Este es el único camino de salida que tiene el Hombre en este tema.

La gente ha estado intentando poner su ética dentro durante eones sin saber cómo. La ética evolucionó con los intentos del individuo de obtener una supervivencia continua.

Cuando una persona hace algo fuera-de-ética (daña su supervivencia y la de los demás), intenta enmendar este daño. Por lo general acaba simplemente hundiéndose en un cave-in. (*Cave-in* significa un colapso mental y/o físico hasta el punto en que el individuo no puede funcionar de manera causativa).

Ellos se causan un cave-in porque, en un esfuerzo por refrenarse a sí mismos e impedirse a sí mismos cometer más actos dañinos, comienzan a retirarse y a apartarse del área que han dañado. Una persona que hace esto se vuelve cada vez menos capaz de influir sobre sus dinámicas y así se convierte en víctima de estas. Se observa aquí el hecho de que uno tiene que haberle hecho a otras dinámicas esas cosas que ahora estas parecen tener el poder de hacerle a él.

Por lo tanto está en posición de ser dañado y pierde el control. De hecho, puede convertirse en una nulidad en cuanto a influencia y en un imán para las dificultades.

Esto se produce porque la persona no tiene la tecnología básica de Ética. Nunca se le ha explicado. Nadie le dijo jamás cómo podía salir del atolladero en que ella misma se había metido. Esta tecnología ha permanecido completamente desconocida.

Así que la persona ha acabado sumida en el vertedero.

La ética es uno de los instrumentos primarios que una persona usa para desenterrarse.

Sepa o no cómo hacerlo, toda persona intentará desenterrarse. No importa quién sea o lo que haya hecho, va a intentar poner su ética dentro, de una forma u otra.

Incluso en los casos de Hitler y Napoleón, hubieron tentativas de auto-restricción. Es interesante, al observar las vidas de esta gente, lo concienzudamente que trabajaron hacia la autodestrucción. La autodestrucción es su intento de aplicarse la ética a sí mismos. Trabajaron en esta autodestrucción en varias dinámicas. No pueden poner la ética dentro en sí mismos, no pueden refrenarse de hacer estos actos dañinos, así que se castigan a sí mismos. Se dan cuenta de que son criminales y ellos mismos se causan cave-in.

Todos los seres son básicamente buenos y tratan de sobrevivir lo mejor que pueden. Tratan de poner la ética dentro en sus dinámicas.

La ética y la justicia se desarrollaron y existen para ayudar al individuo en su impulso hacia la supervivencia. Existen para mantener las dinámicas en comunicación. La Tecnología de Ética es la auténtica tecnología de la supervivencia.

Las dinámicas de un individuo estarán en comunicación en la medida en que él esté aplicando la ética a su vida. Si uno conoce la Tecnología de Ética y la aplica a su vida, puede mantener las dinámicas en comunicación y aumentar continuamente su supervivencia.

Para eso existe la ética: para que podamos sobrevivir como queremos sobrevivir, por medio de tener nuestras dinámicas en comunicación.

La ética no se debe confundir con la justicia. La justicia se usa sólo después de que el individuo haya fracasado en usar la ética consigo mismo. Teniendo la ética personal dentro en las dinámicas, la justicia desaparece como un asunto de gran importancia. Ahí es donde logras un mundo sin crimen.

Un hombre que le roba a su patrón tiene su Tercera Dinámica fuera de comunicación con respecto a su Primera Dinámica. Va camino de una condena a prisión o, en el mejor de los casos, camino del desempleo, que no es lo que uno llamaría supervivencia óptima en la Primera y Segunda Dinámicas (por no mencionar el resto). Es probable que crea que al robar está mejorando su supervivencia; sin embargo, si conociera la Tecnología de Ética, se daría cuenta de que está dañándose a sí mismo y a otros, y que sólo acabará sumiéndose más en el vertedero.

El hombre que miente, la mujer que engaña a su marido, el adolescente que toma drogas, el político que está involucrado en tratos deshonestos, todos ellos están cavando su propia tumba. Están dañando su propia supervivencia al tener sus dinámicas fuera de comunicación y no aplicar la ética a sus vidas.

Puede que te sorprenda, pero un corazón limpio y unas manos limpias son la única manera de lograr felicidad y supervivencia. El criminal nunca tendrá éxito a menos que se reforme; el embustero nunca será feliz ni estará satisfecho consigo mismo hasta que empiece a tratar con la verdad.

La solución óptima para cualquier problema que presente la vida, sería la que llevara a un aumento de la supervivencia en la mayoría de las dinámicas.

Vemos así que es necesario un conocimiento de la ética para la supervivencia.

El conocimiento y la aplicación de la ética son el camino de salida de la trampa de la degradación y el dolor.

Todos y cada uno de nosotros podemos alcanzar la felicidad y una supervivencia óptima para nosotros mismos y para los demás usando la Tecnología de Ética.

QUÉ PASA SI LAS DINÁMICAS SE VAN FUERA-DE-ÉTICA

Es importante recordar que estas dinámicas comprenden la vida. No funcionan individualmente sin interacción con las demás dinámicas.

La vida es un esfuerzo de grupo. Nadie sobrevive solo.

Si una dinámica se va fuera-de-ética, queda fuera de comunicación (en mayor o menor medida) con respecto a las demás dinámicas. Para permanecer en comunicación, las dinámicas deben permanecer con la ética dentro.

Tomemos el ejemplo de una mujer que se ha apartado completamente de la Tercera Dinámica. No quiere tener nada que ver con ningún grupo ni con la gente de su ciudad. No tiene amigos. Se queda encerrada en su casa todo el día, pensando (con alguna idea descarriada de independencia o individualidad) que está sobreviviendo mejor en su Primera Dinámica. En realidad ella es bastante desdichada y solitaria, y vive atemorizada de los demás seres humanos. Para aliviar su desdicha y su aburrimiento, comienza a tomar sedantes y tranquilizantes, a los que se vuelve adicta, y luego comienza también a beber alcohol.

Está ocupada "resolviendo" su dilema con más acciones destructivas. Puedes ver cómo ha hecho que su Primera, Segunda y Tercera Dinámicas estén fuera de comunicación. Está destruyendo activamente su supervivencia en sus dinámicas. Estas acciones son fuera-de-ética en extremo, y no sería de extrañar que al final se quitara la vida con la mortífera combinación de sedantes y alcohol.

O tomemos al hombre que está cometiendo actos destructivos en el trabajo. No es necesario que estos actos sean grandes, pueden ser tan sencillos como llegar tarde al trabajo, no hacer un trabajo tan profesional en cada producto como de lo que él es capaz, estropear el equipo u ocultarle cosas a su patrón. No tiene que dedicarse abiertamente a la destrucción total de la empresa, para saber que está cometiendo actos dañinos.

Ahora, a medida que pasa el tiempo, este hombre se encuentra a sí mismo yéndose cada vez más fuera-de-ética. Siente que debe esconder más y más, y no sabe cómo detener esta espiral descendente. Es muy posible que nunca se le haya ocurrido siquiera que podría detenerla. Carece de la Tecnología de Ética. Es probable que no se dé cuenta de que sus acciones están haciendo que sus dinámicas se salgan de comunicación.

Esto puede afectar a sus demás dinámicas de varias maneras. Es probable que sea un poco desdichado y, puesto que es básicamente bueno, se sentirá culpable. Llega a casa por la noche y su mujer dice alegremente: "¿Qué tal te fue hoy?", y él se encoge un poco y se siente peor. Comienza a beber para mitigar la desdicha. Está fuera de comunicación con su familia. Está fuera de comunicación en su trabajo. Su rendimiento en el trabajo empeora. Comienza a descuidarse a sí mismo y sus pertenencias. Ya no disfruta de la vida. Su vida feliz y satisfactoria se le escapa entre las manos. Como no conoce la Tecnología de Ética y no la aplica a su vida ni a sus dinámicas, la situación se sale fuera de su control en buena medida. Sin darse cuenta, se ha convertido en efecto de su propio fuera-de-ética. A menos que enderece su vida usando la ética, morirá indudablemente siendo un hombre desdichado.

Ahora te pregunto: ¿qué clase de vida es esa? Por desgracia, es demasiado común en nuestros días.

La ética de una persona no puede irse fuera en una dinámica sin que esto tenga consecuencias desastrosas en sus otras dinámicas.

Es realmente muy trágico, y la tragedia se agrava por el hecho de ser tan innecesaria. Si el Hombre tan sólo conociera la simple Tecnología de Ética, podría lograr para sí el amor propio, la satisfacción personal y el éxito que sólo cree ser capaz de soñar, no de lograr.

El Hombre busca la supervivencia. La supervivencia se mide en placer. Eso significa, para la mayoría de los hombres, felicidad, autoestima, la satisfacción personal de un trabajo bien hecho y éxito. Un hombre puede tener dinero, puede tener muchas posesiones personales, etc., pero no será feliz a menos que realmente tenga su ética dentro y sepa que consiguió esas cosas con honestidad. Esos ricos políticos y criminales financieros no son felices. Puede que el hombre común les envidie por su riqueza, pero son gente muy desdichada que la mayoría de las veces acaba fatal con la adicción a las drogas o al alcohol, el suicidio o algún otro medio de autodestrucción.

Echemos un vistazo al fuera-de-ética actual tan y tan habitual en la Segunda Dinámica. Por lo general, se considera que este comportamiento es perfectamente aceptable.

Es fácil ver cómo el fuera-de-ética en la Segunda Dinámica afecta a las demás dinámicas.

Digamos que tenemos a una mujer joven que tiene un matrimonio más o menos feliz y decide tener una aventura con su jefe, quien resulta ser un buen amigo de su marido. Esto es muy claramente fuera-de-ética, y también va contra la ley, aunque un número sorprendente de gente encontraría aceptable esta clase de comportamiento o, a lo sumo, ligeramente censurable.

No obstante, este es un acto muy destructivo. Ella sentirá culpa, se sentirá falsa y desdichada porque sabe que ha cometido un acto negativo contra su marido. Sin duda, su relación con él sufrirá, y puesto que su jefe está experimentando algo muy parecido en su casa,

ella y su jefe comenzarán a sentirse mal el uno con el otro a medida que empiezan a culparse mutuamente de su desgracia. Sus dinámicas acaban bastante enredadas y fuera de comunicación. Ella se sentirá desdichada en su Primera Dinámica, pues ha abandonado su propio código moral. Su Segunda Dinámica estará fuera de comunicación y puede que incluso comience a criticar a su marido y que empiece a sentir antipatía hacia él. La situación en el trabajo es tensa, pues ella ahora ha perdido la comunicación con su jefe y sus compañeros de trabajo. Su jefe ha echado a perder su relación y amistad con el marido de ella. Ella está tan embrollada en estas tres dinámicas, que quedan totalmente fuera de comunicación con respecto a su Cuarta, Quinta y Sexta Dinámicas. Todo esto es el resultado de que la ética se vaya fuera en una sola dinámica.

Las repercusiones se extienden insidiosamente por todas las dinámicas.

Nuestra supervivencia se asegura sólo mediante nuestro conocimiento y aplicación de la ética a nuestras dinámicas para mantenerlas en comunicación.

Con la ética, podemos alcanzar supervivencia y felicidad para nosotros mismos y para el planeta Tierra.

L. Ronald Hubbard

Para Finalizar

La Verdadera Historia de Scientology · 259

La Verdadera Historia de Scientology

Scientology:
Un Nuevo Punto de Vista sobre la Vida

L. Ronald Hubbard

"Así que la verdadera historia
de Scientology es una historia simple.
Y demasiado cierta como para
tergiversarla".

Scientology: Un Nuevo Punto de Vista sobre la Vida

La Verdadera Historia de Scientology

La verdadera historia de Scientology es sencilla, concisa y directa. Se relata rápidamente:

1. Un filósofo desarrolló una filosofía acerca de la vida y la muerte.
2. La gente la encuentra interesante.
3. La gente encuentra que funciona.
4. La gente se la transmite a otros.
5. Crece.

Cuando examinamos este relato extremadamente preciso y muy breve, vemos que en nuestra civilización tiene que haber algunos elementos muy perturbadores para que se crea cualquier otra cosa sobre Scientology.

Estos elementos perturbadores son los Mercaderes del Caos. Comercian con la confusión y el trastorno. Se ganan el pan de cada día creando caos. Si el caos disminuyera, lo mismo le sucedería a sus ingresos.

El político, el reportero, el médico, el fabricante de drogas, el militarista y el fabricante de armas, el policía y el empresario de pompas fúnebres, por nombrar a los que encabezan la lista, engordan sus bolsillos sólo a base del "entorno peligroso". Incluso los individuos y los familiares pueden ser Mercaderes del Caos.

Tienen interés en hacer que el entorno parezca lo más amenazador posible, pues sólo entonces pueden tener beneficio. Sus ingresos, fuerza y poder suben en proporción directa a la cantidad de amenaza que puedan introducir en los alrededores de la gente. Con esa amenaza pueden arrancar con extorsión recaudaciones, asignaciones presupuestarias, mayores tiradas y recompensas sin dar explicaciones. Son los Mercaderes del Caos. Si no lo generaran y lo compraran y lo vendieran serían, creen ellos, pobres.

Por ejemplo, hablamos en términos generales de la "buena prensa". ¿Hay tal cosa hoy en día? Examina un periódico. ¿Hay algo *bueno* en la primera plana? Más bien hay asesinato y muerte súbita, desacuerdo y catástrofe. Y aun a eso, malo como es, todavía se le hace sensacionalismo, para hacer que parezca peor.

Esta es la fabricación fría y cruel de un "entorno peligroso". La gente no necesita estas noticias, y si las necesitara, necesitaría los hechos, no la perturbación. Pero si golpeas a una persona con bastante fuerza, se puede hacer que entregue dinero. Esa es la fórmula básica de la extorsión. Así es como se venden periódicos. El impacto los hace perdurar.

Un periódico tiene que tener caos y confusión. Un "artículo periodístico" ha de tener "conflicto", dicen ellos. Así que no hay buena prensa. Sólo hay *mala* prensa acerca de todo. Anhelar "buena prensa" es una insensatez en una sociedad en la que reinan los Mercaderes del Caos.

Mira lo que tiene que hacérsele a la verdadera historia de Scientology para "convertirla en un artículo periodístico" según los estándares de la prensa moderna. Se tiene que introducir conflicto donde no lo hay. Por lo tanto, la prensa tiene que inventarse trastorno y conflicto.

Tomemos la primera línea. ¿Cómo se convierte en un conflicto? "1. Un filósofo desarrolla una filosofía sobre la vida y la muerte".

El Mercader del Caos *tiene* que introducir aquí uno de los diversos conflictos posibles: él no es un filósofo, tienen que afirmar. Nunca son lo bastante atrevidos del todo como para decir que no es una filosofía. Pero pueden continuar, y continúan interminablemente, pues su propósito les compele, en un intento de invalidar la identidad de la persona que la desarrolla.

De hecho, quien desarrolló la filosofía estaba muy versado en temas académicos y en las humanidades; probablemente más versado, sólo en filosofía formal, que los profesores de filosofía de las universidades. El esfuerzo de un solo hombre es increíble en términos de horas de estudio e investigación, y es un récord al que nadie se ha acercado, que se tenga memoria; pero esto no se consideraría de interés periodístico. Escribir el simple hecho de que un filósofo había desarrollado una filosofía, no es una noticia de tipo periodístico y no perturbaría el entorno. De ahí, las elaboradas noticias ficticias sobre el punto (1) anterior.

Tomemos entonces la segunda parte de la verdadera historia. "La gente la encuentra interesante". Sería muy extraño que no fuera así, ya que todo individuo se hace estas preguntas acerca de sí mismo y busca las respuestas a su propio beingness (la identidad o el papel que ha asumido), y la verdad básica de las respuestas es observable en las conclusiones de Scientology.

Sin embargo, para hacer que esto sea "noticia" hay que hacerlo perturbador. Se pinta a las personas como "secuestradas" o "hipnotizadas" y "arrastradas como víctimas involuntarias" a que lean libros o escuchen.

El Mercader del Caos deja el punto (3) totalmente en paz. Es terreno peligroso para él. "La gente encuentra que funciona". La prensa jamás vincularía el menor rastro de funcionalidad con Scientology, aunque en la mente de la prensa no hay duda de que *sí* funciona. Por eso es peligrosa: calma el entorno. Así que, cualquier tiempo empleado en convencer a la prensa de que Scientology funciona, es tiempo empleado en trastornar a un reportero.

En el punto "4. La gente la transmite a otros", la prensa se siente traicionada. Nadie debería creer nada que no leyera en los periódicos. ¡¿Cómo se atreve a existir la difusión de boca en boca?! Así que para impedir que la gente escuche, el Mercader del Caos tiene que usar palabras como "secta". Eso es "un grupo cerrado", mientras que Scientology es el grupo más abierto de la Tierra para cualquiera. Y tienen que atacar a las organizaciones y a su gente para tratar de mantener a la gente fuera de Scientology.

Ahora, en cuanto al "5. Crece", tenemos la verdadera objeción.

Según avanza la verdad, las mentiras mueren. La destrucción total de las mentiras es un acto que le quita de la boca el pan nuestro de cada día al Mercader del Caos. A menos que pueda mentir con delirante desenfreno acerca de lo malo que es todo, cree que se morirá de hambre.

El mundo simplemente *no* debe ser un lugar mejor, según el Mercader del Caos. Si la gente estuviera menos alterada, menos machacada por sus entornos, no habría nuevas asignaciones presupuestarias para la policía ni para los ejércitos ni para los grandes cohetes y no habría ni siquiera peniques para una prensa alarmantemente sensacionalista.

En la medida en que los políticos asciendan a base de escándalo, la policía obtenga más paga por más crimen y los médicos engorden más sus bolsillos a base de que exista más enfermedad, habrá Mercaderes del Caos. Se les paga por ello.

Y la amenaza para ellos es la simple historia de Scientology. Pues esa es la verdadera historia. Y tras su progreso hay un entorno más calmado en el que un hombre puede vivir y sentirse mejor. Si no lo crees, simplemente deja de leer los periódicos durante dos semanas,

y mira si te sientes mejor. ¿Qué pasaría si se resolvieran todas esas perturbaciones?

La pena es, desde luego, que incluso el Mercader del Caos nos necesita, no para engordar aún más sus bolsillos, sino simplemente para vivir él mismo como ser.

Así que la verdadera historia de Scientology es una historia simple.

Y demasiado cierta como para tergiversarla.

L. Ronald Hubbard

Epílogo

Mi Filosofía

Scientology:
Un Nuevo Punto de Vista sobre la Vida

L. Ronald Hubbard

"He visto la vida de arriba a abajo y de abajo a arriba. Sé qué aspecto tiene en ambos sentidos. Y sé que hay sabiduría y que hay esperanza".

Mi Filosofía

El tema de la filosofía es muy antiguo. La palabra significa "el amor, estudio o búsqueda de la sabiduría, o del conocimiento de las cosas y de sus causas, ya sea teórico o práctico".

Todo lo que sabemos de la ciencia o de la religión proviene de la filosofía. Se encuentra en el trasfondo y está por encima de cualquier otro conocimiento que tengamos o usemos.

Considerada durante mucho tiempo como un tema reservado para las salas del saber y para el intelectual, el tema se le ha negado al hombre de la calle a un grado excepcional.

Rodeada de capas protectoras de erudición impenetrable, la filosofía ha estado reservada a unos pocos privilegiados.

El primer principio de mi propia filosofía es que la sabiduría es para todo aquel que desee alcanzarla. Es sirviente del plebeyo y del rey por igual y nunca se le debería contemplar con temor reverente.

Los eruditos egoístas rara vez perdonan a alguien que trate de derribar los muros de misterio y dejar que entre la gente. Will Durant, el moderno filósofo americano, fue relegado al montón de los desperdicios por sus colegas eruditos cuando escribió un libro popular sobre el tema, *Historia de la Filosofía*. Así pues, las diatribas se cruzan en el camino de cualquiera que intente hacer llegar la sabiduría a la gente por encima de las objeciones del "círculo íntimo".

El segundo principio de mi propia filosofía es que se tiene que poder aplicar.

El saber, encerrado en libros enmohecidos, es de poca utilidad para nadie y, por lo tanto, de ningún valor a menos que pueda usarse.

El tercer principio es que cualquier conocimiento filosófico es valioso solamente si es cierto o si funciona.

Estos tres principios son tan extraños al campo de la filosofía que yo le he dado un nombre a mi filosofía: *Scientology*. Este sólo quiere decir "saber cómo saber".

Una filosofía sólo puede ser una *ruta* hacia el conocimiento. No puede ser conocimiento que se haga tragar a la fuerza. Si uno tiene una ruta, puede entonces encontrar lo que es verdad para él. Y eso es Scientology.

Conócete a ti mismo... y la verdad te hará libre.

Por lo tanto, en Scientology no estamos interesados en acciones y diferencias individuales. Sólo estamos interesados en mostrarle al Hombre cómo puede liberarse a sí mismo.

Por supuesto, esto no es muy popular entre aquellos que dependen de la esclavitud de los demás para su propia subsistencia o poder. Pero resulta ser el único camino que he encontrado que mejora realmente la vida del individuo.

La supresión y la opresión son las causas básicas de la depresión. Si las alivias, una persona puede levantar la cabeza, recuperarse, llegar a ser feliz en la vida.

Y aunque pueda ser impopular entre los esclavistas, es muy popular entre la gente. Al Hombre común le gusta ser feliz y estar bien. Le gusta ser capaz de entender las cosas. Y sabe que su ruta hacia la libertad se encuentra a través del conocimiento.

Por consiguiente, desde 1950 he tenido a la Humanidad llamando a mi puerta. No ha importado dónde o en qué remoto lugar haya vivido yo. Desde que publiqué por primera vez un libro* sobre el tema, mi vida ya no me ha pertenecido.

Me gusta ayudar a los demás, y considero como mi mayor placer en la vida ver a alguien liberarse de las sombras que oscurecen sus días.

Estas sombras le parecen tan densas y lo oprimen tanto que cuando encuentra que *son* sombras y que puede ver a través de ellas, caminar a través de ellas y estar de nuevo a la luz del sol, se siente enormemente dichoso. Y me temo que yo me siento tan dichoso como él.

He visto mucha miseria humana. De muy joven, vagué por Asia y vi la agonía y la miseria de tierras superpobladas y de un nivel educativo ínfimo. He visto a gente desentenderse de hombres moribundos en las calles y pasar por encima de ellos. He visto a niños que eran poco menos que harapos y huesos. Y en medio de esta pobreza y degradación, encontré lugares sagrados en donde la sabiduría era magnífica, pero donde se ocultaba cuidadosamente y se daba a conocer sólo como superstición. Posteriormente, en las universidades occidentales, vi al Hombre obsesionado con la materialidad; y lo vi esconder, con toda su astucia, la poca sabiduría que realmente tenía en aulas siniestras, y hacerla inaccesible para el hombre común y menos privilegiado. He pasado por una guerra terrible y he visto su terror y dolor pasar sin ser aliviado por una simple palabra de decencia o humanidad. No he vivido una vida enclaustrada, y desprecio al sabio que no ha *vivido* y al erudito que no quiere compartir.

* *Dianética: La Ciencia Moderna de la Salud Mental*, publicado en mayo de 1950.

Ha habido muchos hombres más sabios que yo, pero pocos han recorrido tanto camino.

He visto la vida de arriba abajo y de abajo arriba. Sé qué aspecto tiene en ambos sentidos. Y sé que *hay* sabiduría y que hay esperanza.

Ciego, con los nervios ópticos lesionados, y lisiado con lesiones físicas en la cadera y la espalda, al final de la Segunda Guerra Mundial encaraba un futuro casi inexistente. Mi hoja de servicio declara: "Este oficial no tiene tendencias neuróticas ni psicóticas de ningún tipo en absoluto"; pero también declara: "Incapacitado físicamente de forma permanente". Y así llegó un golpe más; mi familia y mis amigos me abandonaron como un lisiado supuestamente sin remedio, y una carga probable para ellos durante el resto de mis días. Sin embargo, me abrí camino de vuelta hacia la buena forma física y la fuerza en menos de dos años, usando sólo lo que sabía y podía determinar sobre el Hombre y su relación con el universo. No tenía a nadie que me ayudara; lo que necesitaba saber lo tuve que descubrir. Y es realmente todo un aprieto estudiar cuando no puedes ver. Me acostumbré a que se me dijera que todo era imposible, que no había manera, ninguna esperanza. Sin embargo, llegué a ver otra vez y a caminar otra vez, y construí una vida completamente nueva. Es una vida feliz, una vida activa, y espero que útil. Mis únicos momentos de tristeza son aquellos que llegan cuando los fanáticos les dicen a los demás que todo está mal y que no hay ninguna ruta en ningún sitio, que no hay esperanza en ninguna parte, nada salvo tristeza, monotonía y desolación, y que todo intento de ayudar a los demás es falso. Yo sé que no es verdad.

Así que mi propia filosofía es que uno debería compartir la sabiduría que tenga; uno debería ayudar a los demás a que se ayuden a sí mismos, y uno debería seguir adelante a pesar del mal tiempo, pues siempre hay una calma adelante. Uno también debería hacer caso omiso de los abucheos del intelectual egoísta que grita: "No reveles el misterio. Guárdalo todo para nosotros. La gente no puede entender".

Pero, como no he visto nunca que la sabiduría haga ningún bien cuando se guarda para uno mismo, y como me gusta ver felices a los demás, y como encuentro que la inmensa mayoría de la gente puede entender, y *entiende,* seguiré escribiendo y trabajando y enseñando mientras exista.

Pues no conozco a ningún hombre que tenga monopolio alguno sobre la sabiduría de este universo. Le pertenece a aquellos que pueden usarla para ayudarse a sí mismos y a los demás.

Si se conocieran y se comprendieran las cosas un poco mejor, todos llevaríamos vidas más felices.

Y hay un camino para conocerlas y *hay* un camino hacia la libertad.

Lo antiguo tiene que dar paso a lo nuevo, la falsedad tiene que ser desenmascarada por la verdad, y la verdad, aunque se le combata, siempre al final prevalece.

Apéndice

Estudio Adicional

Libros y Conferencias por L. Ronald Hubbard

Los materiales de Dianética y Scientology componen el conjunto más grande de información jamás reunido sobre la mente, el espíritu y la vida, rigurosamente perfeccionado y sistematizado por L. Ronald Hubbard durante cinco décadas de búsqueda, investigación y desarrollo. Los resultados de ese trabajo están contenidos en cientos de libros y más de 3,000 conferencias grabadas. En cualquier Iglesia u Organización de Publicaciones de Scientology, se puede conseguir una lista y descripción completas de todas ellas, incluyendo las ediciones traducidas disponibles en tu idioma. (Véase la ***Guía de los Materiales*** en la página 288).

Dianética es una precursora y un subestudio de Scientology. En las siguientes páginas están los libros y conferencias recomendadas para principiantes. Aparecen en la secuencia en que Ronald las escribió o las hizo disponibles. Una ventaja importante del estudio cronológico de estos libros y conferencias es la inclusión de las palabras y términos que, cuando se usaron originalmente, se definieron con considerable exactitud por LRH. A través de un estudio en secuencia, puedes ver cómo progresó el tema y no sólo obtener una mayor comprensión, sino aplicación en tu vida.

Tu siguiente libro es *Scientology: Los Fundamentos del Pensamiento.*

Este es el camino hacia *saber cómo saber* que abre las puertas a un mejor futuro para *ti*. Anda por él y verás.

Libros y Conferencias de Dianética

Dianética: La Tesis Original • La *primera* descripción de Dianética que hizo Ronald. Originalmente estuvo en circulación en forma de manuscrito, fue copiada rápidamente y se pasó de mano en mano. Al correrse la voz se creó tal demanda de información adicional que Ronald concluyó que la única manera de responder a las preguntas era con un libro. Ese libro fue Dianética: La Ciencia Moderna de la Salud Mental, que ahora es el libro de autoayuda más vendido de todos los tiempos. Descubre qué comenzó todo. Pues estos son los cimientos sólidos de los descubrimientos de Dianética: los *Axiomas Originales,* el *Principio Dinámico de la Existencia,* la *Anatomía de la Mente Analítica* y de la *Mente Reactiva,* las *Dinámicas,* la *Escala Tonal,* el *Código del Auditor* y la primera descripción de un *Clear.* Aún más, estas son las leyes primarias que describen *cómo* y *por qué* funciona la auditación. Sólo se encuentra aquí, en Dianética: La Tesis Original.

Dianética: La Evolución de una Ciencia • Esta es la historia de *cómo* Ronald descubrió la mente reactiva y desarrolló los procedimientos para deshacerse de ella. Escrito originalmente para una revista nacional, publicado para que coincidiera con la publicación de Dianética: La Ciencia Moderna de la Salud Mental, inició un movimiento que se extendió como reguero de pólvora, casi de la noche a la mañana, tras la publicación de ese libro. Por tanto, aquí se encuentran, tanto los fundamentos de Dianética como el único informe del viaje de descubrimientos de Ronald a lo largo de dos décadas y de la manera en que aplicó la metodología científica para desentrañar los misterios y problemas de la mente humana. Y, por lo tanto, la culminación de la búsqueda de 10,000 años del Hombre.

Dianética: La Ciencia Moderna de la Salud Mental • El inesperado acontecimiento que inició un movimiento mundial. Pues aquí está el libro de Ronald, un hito que presenta su descubrimiento de la *mente reactiva* la cual subyace bajo el Hombre y lo esclaviza. Es la fuente de las pesadillas, miedos irracionales, trastornos e inseguridad. Y aquí está la forma de deshacerse de ella y alcanzar la tan buscada meta de Clear. Este es el manual completo del procedimiento de Dianética y, con él cualquier par de personas razonablemente inteligentes pueden romper las cadenas que los han mantenido prisioneros a los trastornos y traumas del pasado. Un best-seller por más de medio siglo y con decenas de millones de copias impresas, traducido en más de cincuenta idiomas y usado en más de 100 países de la Tierra, *Dianética* es indiscutiblemente el libro más leído y de mayor influencia que jamás se haya escrito sobre la mente humana. Y por esa razón, siempre se le conocerá como el *Libro Uno.*

CONFERENCIAS Y DEMOSTRACIONES DE DIANÉTICA • Inmediatamente después de la publicación de *Dianética,* LRH comenzó a dar conferencias en auditorios atestados de gente por todo Estados Unidos. Aunque se dirigía a miles de personas al mismo tiempo, la demanda siguió creciendo. Para satisfacer esa demanda, se grabó su presentación en Oakland, California. En estas cuatro conferencias, Ronald relató los acontecimientos que provocaron su investigación, y su viaje personal hacia sus descubrimientos pioneros. Después continuó con una demostración personal de auditación de Dianética: la única demostración de Libro Uno que hay disponible, la cual es invaluable para el dianeticista. *4 conferencias.*

AUTO-PROCESAMIENTO

AUTOANÁLISIS: ***EL MANUAL BÁSICO DE AUTO-PROCESAMIENTO*** • Las barreras de la vida son en realidad simplemente sombras. Aprende a conocerte a ti mismo, no sólo una sombra de ti mismo. Contiene la más completa descripción de la consciencia, Autoanálisis te lleva a través de tu pasado, a través de tus potencialidades, de tu vida. En primer lugar, con una serie de autoexámenes y utilizando una versión especial de la Tabla Hubbard de Evaluación Humana, te sitúas en la Escala Tonal. Después, aplicando una serie de procesos ligeros, aunque poderosos, te embarcas en la gran aventura del autodescubrimiento. Este libro contiene también principios globales que alcanzan a *cualquier* caso, desde el más bajo hasta el más elevado, incluyendo técnicas de auditación tan eficaces que Ronald se refiere a ellas una y otra vez, durante todos los años siguientes de investigación en los estados más elevados. En resumen, este libro no sólo eleva a la persona en la Escala Tonal, sino que puede sacarla casi de cualquier cosa.

MANUAL PARA PRECLEARS: ***EL MANUAL AVANZADO DE AUTO-PROCESAMIENTO*** • Aquí están los Quince Actos de Auto-procesamiento orientados a rehabilitar el *Auto-determinismo.* Además, este libro contiene varios ensayos que dan la descripción más extensa del *Estado Ideal del Hombre.* Descubre por qué las pautas de comportamiento se vuelven tan sólidamente fijas; por qué parece que los hábitos no se pueden romper; cómo las decisiones de hace mucho tiempo tienen más poder sobre una persona que sus decisiones recientes; y por qué una persona mantiene en el presente experiencias negativas del pasado. Todo se explica claramente en la Tabla de Actitudes, un avance histórico sensacional que complementa la Tabla Hubbard de Evaluación Humana, marcando el estado ideal de ser y las *actitudes* y *reacciones* de uno respecto a la vida. *El Manual para Preclears se usa en auto-procesamiento junto con Autoanálisis.*

Libros de Scientology

Teoría y Práctica

Scientology: Los Fundamentos del Pensamiento–*El Libro Básico de la Teoría y Práctica de Scientology para Principiantes* • Designado por Ronald como el *Libro Uno de Scientology.* Tras haber unificado y sistematizado completamente los temas de Dianética y Scientology, llegó el perfeccionamiento de sus *fundamentos.* Publicado originalmente como un resumen de Scientology para su uso en traducciones a lenguas distintas al inglés, este libro es de valor incalculable tanto para el estudiante novicio de la mente, el espíritu y la vida, como para el avanzado. Equipado únicamente con este libro, uno puede comenzar una consulta y producir aparentes milagros y cambios en los estados de bienestar, capacidad e inteligencia de la gente. Contiene el *Ciclo-de-Acción,* las *Condiciones de la Existencia,* las *Ocho Dinámicas,* el *Triángulo de ARC, Las Partes del Hombre,* el análisis completo de la *Vida como un Juego,* y más, incluyendo procesos exactos para la aplicación de estos principios en el procesamiento. De modo que aquí, en un libro, están los verdaderos fundamentos de Scientology para aplicarlos a lo largo de toda la vida de uno y los medios para elevar la cultura entera.

Trabajo

Los Problemas del Trabajo: *Scientology Aplicada al Mundo del Trabajo Cotidiano* • Como Ronald lo describe en este libro, la vida está compuesta de siete décimas partes de trabajo, una décima parte de familia, una décima parte de política y una décima parte de ocio. Aquí está la aplicación de Scientology a esas siete décimas partes de la existencia incluyendo las respuestas al *Agotamiento* y el *Secreto de la Eficiencia.* Aquí está también el análisis de la vida en sí: un juego compuesto de reglas exactas. Si las conoces prosperas. Los Problemas del Trabajo contiene la tecnología sin la que nadie puede vivir, y que la puede aplicar cualquiera en el mundo del trabajo cotidiano.

Los Fundamentos de la Vida

Scientology: Un Nuevo Punto de Vista sobre la Vida • *(Este libro).* Los elementos esenciales de Scientology para cada aspecto de la vida. Las respuestas básicas que te ponen en control de tu existencia, verdades para consultar una y otra vez: *¿Es Posible Ser Feliz?, Dos Reglas para una Vida Feliz, Integridad Personal, La Personalidad Anti-Social* y muchas más. En cada parte de este libro encontrarás verdades de Scientology que describen las condiciones de *tu* vida y proporcionan modos *exactos* para cambiarlas.

AHORA PUEDES *ESCUCHAR* LA HISTORIA DE DIANÉTICA Y SCIENTOLOGY

DEL HOMBRE QUE LA VIVIÓ

"Para realmente conocer la vida", escribió L. Ronald Hubbard, "tienes que ser parte de la vida. Tienes que bajar y mirar, tienes que meterte en los rincones y grietas de la existencia. Tienes que mezclarte con toda clase y tipo de hombres antes de que puedas establecer finalmente lo que es el hombre".

A través de su largo y extraordinario viaje hasta la fundación de Dianética y Scientology, Ronald hizo precisamente eso. Desde su aventurera juventud en un turbulento Oeste Americano hasta su lejana travesía en la aún misteriosa Asia; desde sus dos décadas de búsqueda de la esencia misma de la vida hasta el triunfo de Dianética y Scientology, tal es la historia que Ronald narra en una conferencia tan legendaria que ha sido escuchada por millones.

¿Cómo pudo un hombre descubrir la fuente de toda la aberración humana, y proporcionar una verdadera tecnología por medio de la cual el Hombre se pudiera elevar a mayores alturas de honestidad, decencia y libertad personal? Averigua por ti mismo, en una historia que sólo podría ser contada por el hombre que la vivió.

Obtén

La Historia de Dianética y Scientology

UNA CONFERENCIA POR L. RONALD HUBBARD

Disponible en cualquier Iglesia de Scientology o directamente de la editorial
www.bridgepub.com · www.newerapublications.com

Obtén tu Guía de los Materiales gratuita

- Todos los libros
- Todas las conferencias
- Todos los libros de consulta

Todo ello puesto en secuencia cronológica con descripciones de lo que cada uno contiene.

¡Estás en una Aventura! Aquí está el Mapa.

Tu viaje a una comprensión completa de Dianética y Scientology es la aventura más grande de todas. Pero necesitas un mapa que te muestre dónde estás y adónde vas.

Ese mapa es la Guía de los Materiales. Muestra todos los libros y conferencias de Ronald con una descripción completa de su contenido y temas, de tal manera que puedas encontrar exactamente lo que *tú* estás buscando y lo que *tú* necesitas exactamente.

Las nuevas ediciones de cada libro incluyen extensos glosarios con definiciones de todos los términos técnicos. Como resultado de un programa monumental de traducciones, cientos de conferencias de Ronald se están poniendo a tu alcance en disco compacto con transcripciones, glosarios, diagramas de conferencias, gráficas y publicaciones a los que se refiere en las conferencias. Como resultado, obtienes *todos* los datos y puedes aprenderlos con facilidad, no sólo consiguiendo una comprensión *conceptual* completa, sino ascendiendo a mayores estados de libertad espiritual cada paso del camino.

Para conseguir tu Guía de los Materiales y Catálogo GRATIS, o para pedir los libros y conferencias de L. Ronald Hubbard, ponte en contacto con:

Hemisferio Occidental:
Bridge Publications, Inc.
4751 Fountain Avenue
Los Angeles, CA 90029 USA
www.bridgepub.com
Teléfono: 1-800-722-1733
Fax: 1-323-953-3328

Hemisferio Oriental:
New Era Publications International ApS
Store Kongensgade 53
1264 Copenhagen K, Denmark
www.newerapublications.com
Teléfono: (45) 33 73 66 66
Fax: (45) 33 73 66 33

Libros y conferencias también disponibles en las Iglesias de Scientology.
Véase ***Direcciones.***

Direcciones

Scientology es la religión de más rápido crecimiento en el mundo hoy en día. Existen Iglesias y Centros en ciudades de todo el mundo y se están formando nuevas continuamente.

Para obtener más información o localizar la Iglesia más cercana a ti, visita la página web de Scientology:

www.scientology.org

e-mail: info@scientology.org

También puedes escribir a cualquiera de las organizaciones continentales, que aparecen en la siguiente página, que te dirigirán directamente a una de las miles de Iglesias y Centros que hay por todo el mundo.

Puedes conseguir los libros y conferencias de L. Ronald Hubbard desde cualquiera de estas direcciones o directamente desde las editoriales que aparecen en la página anterior.

ORGANIZACIONES CONTINENTALES DE LA IGLESIA:

LATINOAMÉRICA

Iglesia de Scientology
Oficina de Enlace Continental de Latinoamérica
Federación Mexicana de Dianética
Calle Puebla #31
Colonia Roma, México, D.F.
C.P. 06700, México
info@scientology.org.mx

ESTADOS UNIDOS

Church of Scientology
Continental Liaison Office
Western United States
1308 L. Ron Hubbard Way
Los Angeles, California 90027 USA
info@wus.scientology.org

Church of Scientology
Continental Liaison Office
Eastern United States
349 W. 48th Street
New York, New York 10036 USA
info@eus.scientology.org

CANADÁ

Church of Scientology
Continental Liaison Office
Canada
696 Yonge Street, 2nd Floor
Toronto, Ontario
Canada M4Y 2A7
info@scientology.ca

REINO UNIDO

Church of Scientology
Continental Liaison Office
United Kingdom
Saint Hill Manor
East Grinstead, West Sussex
England, RH19 4JY
info@scientology.org.uk

ÁFRICA

Church of Scientology
Continental Liaison Office Africa
5 Cynthia Street
Kensington
Johannesburg 2094, South Africa
info@scientology.org.za

EUROPA

Church of Scientology
Continental Liaison Office Europe
Store Kongensgade 55
1264 Copenhagen K, Denmark
info@scientology.org.dk

Church of Scientology
Liaison Office of Commonwealth of Independent States
Management Center of Dianetics
and Scientology Dissemination
Pervomajskaya Street, House 1A
Korpus Grazhdanskoy Oboroni
Losino-Petrovsky Town
141150, Moscow, Russia
info@scientology.ru

Church of Scientology
Liaison Office of Central Europe
1082 Leonardo da Vinci u. 8-14
Budapest, Hungary
info@scientology.hu

Iglesia de Scientology
Oficina de Enlace de Iberia
C/Miguel Menéndez Boneta, 18
28460; Los Molinos
Madrid, España
info@spain.scientology.org

Church of Scientology
Liaison Office of Italy
Via Cadorna, 61
20090 Vimodrone
Milano, Italy
info@scientology.it

AUSTRALIA, NUEVA ZELANDA Y OCEANÍA

Church of Scientology
Continental Liaison Office ANZO
20 Dorahy Street
Dundas, New South Wales 2117
Australia
info@scientology.org.au

Church of Scientology
Liaison Office of Taiwan
1st, No. 231, Cisian 2nd Road
Kaoshiung City
Taiwan, ROC
info@scientology.org.tw

Obtén una Afiliación Gratuita de Seis Meses

en la Asociación Internacional de Scientologists

La Asociación Internacional de Scientologists es la organización de afiliación de todos los scientologists unidos en la cruzada de más importancia sobre la Tierra.

Se otorga una Afiliación Introductoria Gratuita de Seis Meses a cualquiera que no haya tenido ninguna afiliación anterior de la Asociación.

Como miembro tienes derecho a descuentos en los materiales de Scientology que se ofrecen sólo a Miembros de la IAS. Además recibirás la revista de la Asociación llamada *IMPACT,* que se emite seis veces al año, llena de noticias de Scientology alrededor del mundo.

El propósito de la IAS es:

"Unir, hacer avanzar, apoyar y proteger a Scientology y a los scientologists de todas las partes del mundo para lograr las Metas de Scientology tal y como las originó L. Ronald Hubbard".

Únete a la mayor fuerza que se dirige a un cambio positivo en el planeta hoy día y contribuye a que la vida de millones de personas tenga acceso a la gran verdad contenida en Scientology.

Únete a la Asociación Internacional de Scientologists.

Para solicitar la afiliación,
escribe a la Asociación
Internacional de Scientologists
c/o Saint Hill Manor, East Grinstead
West Sussex, England, RH19 4JY
www.iasmembership.org

GLOSARIO EDITORIAL
DE PALABRAS, TÉRMINOS Y FRASES

Las palabras tienen a menudo varios significados. Las definiciones usadas aquí sólo dan el significado que tiene la palabra según se usa en este libro. Los términos de Dianética y Scientology aparecen en negrita. Al lado de cada definición encontrarás la página en que aparece por vez primera, para que puedas remitirte al texto si lo deseas.

Este glosario no está destinado a sustituir a los diccionarios estándar del idioma ni los diccionarios de Dianética y Scientology, los cuales se deberían consultar para buscar cualesquiera palabras, términos o frases que no aparezcan a continuación.

—Los Editores

abandonar: darse por vencido o retirarse de algo. Pág. 104.

abarcar: admitir fácilmente o con mucho gusto, escoger, seguir una doctrina, opinión o conducta, y dedicarse a diseminarla, defenderla y apoyarla. Pág. 85.

aberración: desviación del pensamiento o comportamiento racionales; no cuerdo. Del latín *aberrare,* desviarse, alejarse de; del latín, *ab:* lejos, y *errare:* andar errante. Significa, básicamente errar, cometer errores, o más específicamente tener ideas que no son ciertas. La causa entera de la aberración está contenida en el descubrimiento de la *mente reactiva,* previamente desconocida. Toda su anatomía y la erradicación de sus efectos nocivos (que causan aberración) están contenidos en el libro *Dianética: La Ciencia Moderna de la Salud Mental.* Pág. 73.

aberrado: afectado de *aberración.* La conducta aberrada sería conducta incorrecta o conducta no apoyada por la razón. La aberración es una desviación del pensamiento o comportamiento racionales; no cuerdo. Pág. 62.

abiertamente: de forma expuesta a la vista o al conocimiento; aparente de forma plena o fácil. Pág. 194.

abismo: diferencia muy grande. Pág. 139.

abrasión: área dañada de la piel la cual se ha raspado contra algo duro y áspero. Pág. 26.

abrir paso: quitar los obstáculos que impiden pasar por un sitio; imponerse, triunfar. Pág. 129.

absolutamente: total o completo. Pág. 129.

absoluto: algo que es perfecto o completo y libre de condiciones, limitaciones o matices; que opera o existe por completo bajo todas las circunstancias sin variación o excepción. Pág. 37.

absolutos: aquellas cosas, condiciones, etc., que son perfectas y completas en calidad o en naturaleza. Pág. 240.

abucheo: gritos o imprecaciones (exclamaciones que desean algo malo) que se hacen para expresar desaprobación. Pág. 274.

acabar fatal: sufrir desgracia o ruina. Pág. 250.

accidente: cosa que ha sucedido al azar o sin causa aparente. Pág. 113.

acobardado: tímido y que cede o tiende a ceder a las exigencias de la autoridad de otros; que obedece o se somete por estar asustado ante las amenazas o la violencia. Pág. 193.

acudir: recurrir a alguien o a algo o ir a ello en caso de necesidad; ir en busca de ayuda o socorro. Pág. 115.

adoración: demostración de alta estima y amor profundo. También el acto de adorar. Pág. 47.

adornar: añadir detalles de relleno o información añadida, especialmente cuando no son verdad. Pág. 193.

aferrarse: agarrar o asir como si fuera con las manos. De ahí, aferrarse fuertemente o firmemente a algo, como a una creencia, idea, concepto, etc. Pág. 120.

a fin de cuentas: lo más básico o fundamental. Pág. 12.

afinidad: amor, simpatía o alguna otra actitud emocional. En Scientology, se concibe que la afinidad, es algo que tiene muchas facetas. La afinidad es una cualidad variable. La afinidad se usa aquí como una palabra que tiene la connotación de "grado de agrado". Es una de las tres partes del A-R-C (afinidad, realidad y comunicación). Pág. 91.

afinidad, realidad y comunicación: afinidad, realidad y comunicación (A-R-C) son comprensión. Forman un triángulo que es el denominador común de todas las actividades de la vida. Estas tres cosas son interdependientes una de otra. Uno tiene que tener un cierto grado de simpatía para ser capaz de hablar (comunicar). La comunicación sólo es posible con algún acuerdo de alguna clase. Y el acuerdo sólo es posible donde haya afinidad de alguna clase o tipo. Cuando uno aumenta la comunicación, eleva la afinidad y la realidad. Pág. 91.

afirmación: declaración confiada y enérgica de algún hecho o creencia. Pág. 99.

agente: **1.** Persona que actúa con una atribución oficial para un organismo gubernamental o alguna agencia privada, como un guardia, detective o un espía. Pág. 26.
2. Medio por el cual se hace o se causa algo. Pág. 196.

ágil: capaz de actuar, funcionar o proceder con facilidad y suavidad. Pág. 37.

agitadores: gente que intenta incitar a la gente para que apoye una causa social o política, agitando el odio, la violencia u otros sentimientos intensos. A menudo se usa en un sentido desfavorable. Pág. 114.

agüero, pájaro de mal: persona que se empeña en presagiar fracasos y desgracias. Pág. 193.

a la deriva: carente de objetivo, dirección o estabilidad. Pág. 39.

a la larga: al cabo de un tiempo; finalmente. Pág. 228.

alardear: hacer una persona una ostentación o presentación llamativa o presuntuosa de algo que tiene. Pág. 182.

alcanzar: tener éxito en lograr algo; lograr una condición o lograr un propósito. Pág. 25.

al descubierto: expuesto a la vista; revelado. Pág. 129.

aliado(s): individuo que ayuda a otro o coopera con otro; partidario o asociado. Pág. 59.

al margen: dejado de lado, descartado o rechazado sin dirección ni estabilidad. Pág. 164.

amasar: reunir para uno mismo; acumular (una gran cantidad de algo) durante un periodo de tiempo. Pág. 242.

amenazas: dicho o hecho con que se amenaza; dar a entender con actos o palabras que se quiere hacer algún mal a alguien. Cosas que representan peligro, daño, lesión, etc. Pág. 63.

anatomía: estructura o disposición de las partes de algo. Pág. 105.

anhelar: querer algo con fuerza, a menudo con un sentimiento de frustración a causa de la dificultad o imposibilidad de cumplir ese deseo. Pág. 101.

animal social: alguien que vive o tiene inclinación a vivir en comunidad; alguien que desea el disfrute de la sociedad o compañía de otros. Se usa en sentido despectivo. Pág. 160.

antaño: en el pasado, a menudo un periodo en el que se tenía un conjunto de valores o un estilo de vida que ya no existe. Pág. 129.

antepasado: ancestro, antecesor. Pág. 11.

antibióticos: sustancias que tienen la capacidad de matar o dejar inactivas a las bacterias en el cuerpo. Los antibióticos se derivan de microorganismos (organismos vivos muy pequeños) o se producen sintéticamente. Pág. 26.

anti-social: hostil o perjudicial para el orden social establecido; que tiene un comportamiento que es dañino para el bienestar de la gente en general; adverso a asociarse o a relacionarse; indispuesto o incapaz de asociarse de un modo normal o amigable con otras personas; antagónico, hostil o antipático hacia otros; intimidante; amenazador. Pág. 164.

anular: reducir a nada, actuar completamente en contra de la fuerza, la efectividad o el valor de algo o de alguien. Pág. 73.

año de nuestro Señor: año concreto a partir de la fecha original del nacimiento de Jesucristo, el 25 de diciembre de 1 **a. d.** (*A. D.* es el latín para *Anno Domini* que significa "en el año de nuestro señor"). Pág. 165.

apatía: completa falta de emoción por las cosas en general o de interés en ellas; incapacidad para responder emocionalmente. Un individuo en apatía no tiene energía. Pág. 39.

apresurar: dar prisa, apurarse, acelerar. Pág. 63.

apretar los dientes: armarse de valor para encarar algo desagradable o superar una dificultad. Pág. 115.

aproximarse: acercarse a, alcanzar muy de cerca. Pág. 94.

arbitrario: basado en el juicio o la selección por razones de utilidad, más que en la naturaleza inalterable de algo. Pág. 84.

A-R-C: afinidad, realidad y comunicación (A-R-C) *son* comprensión. Forman un triángulo que es el denominador común de todas las actividades de la vida. Estos tres elementos son interdependientes entre sí. Uno tiene que tener un cierto grado de simpatía para ser capaz de hablar (comunicar). La comunicación sólo es posible con algún acuerdo de alguna clase. Y el acuerdo sólo es posible donde haya afinidad de alguna clase o tipo. Cuando uno aumenta la comunicación, eleva la afinidad y la realidad. Pág. 91.

arduo: severo o exigente. Pág. 27.

arenas movedizas: aquellas que son blandas o sueltas, saturadas de agua y de considerable profundidad, que no soportan el peso y por lo tanto tienden a absorber cualquier objeto que descanse en su superficie. Se usa en sentido figurado. Pág. 40.

arrancar con extorsión: obtener de alguien algo, como dinero o información, empleando la fuerza, amenazas u otros métodos ilegales o injustos. Pág. 260.

arranque: repentina manifestación o suceso; arrebato, acometida violenta de un sentimiento o un estado de ánimo. Pág. 206.

arrollador: que tiene una amplia dimensión o efecto. Pág. 71.

artes mecánicas: artes, oficios y ocupaciones que tratan con máquinas o herramientas o con el diseño y construcción de máquinas o herramientas. Pág. 208.

artificial: no natural o falso. Pág. 105.

artritis: inflamación temporal o crónica de las articulaciones, que causa dolor, inflamación y rigidez. Pág. 73.

Asia: el mayor continente de la Tierra, situado en el Hemisferio Oriental, rodeado por los océanos Ártico, Pacífico e Índico, y separado de Europa por los Montes Urales. Incluye, además de las naciones de su plataforma continental, a Japón, las Filipinas, Taiwán, Malasia e Indonesia. Pág. 27.

asignaciones presupuestarias: sumas de dinero que se han apartado de un presupuesto, especialmente de un presupuesto gubernamental, para una finalidad concreta. Pág. 260.

asimilar: absorber como propio, tomarlo en cuenta y considerarlo y comprenderlo a fondo. Pág. 37.

Asociación Médica Americana: organización de médicos en Estados Unidos que fue fundada en 1847. Pág. 157.

aspecto: apariencia externa o forma de alguien o de algo. Pág. 102.

aspirante: persona que busca o espera obtener algo, como alguien que desea ávidamente una carrera, progresar, etc. Pág. 116.

atender: cuidar de; tratar. Pág. 242.

atravesar: referido a una situación, pasar por ella. Pág. 115.

atribución: adjudicación de un hecho o de una característica. Pág. 206.

atributos: cualidades, rasgos o características que pertenecen o son parte inherente de alguien o algo. Pág. 60.

auditor: profesional entrenado en la práctica de Scientology. El término proviene del latín, *audire*, "escuchar". De ahí, un auditor es alguien que escucha; un oyente. Un auditor emplea Scientology en el *procesamiento* de Scientology. Procesamiento es la acción de ejercitar de forma verbal a un individuo en procesos exactos de Scientology (ejercicios e instrucciones) y es una forma excepcional pero precisa de asesoramiento mental y espiritual. El procesamiento de Scientology ayuda a que el individuo tenga mejor control de sí mismo, de su mente, de la gente y del universo que le rodea. El propósito del auditor es ayudar a aumentar la capacidad del individuo. Pág. 74.

auto-determinado: que tiene auto-determinismo. Pág. 102.

auto-determinismo: condición de determinar las acciones de uno mismo. El auto-determinismo es un determinismo de Primera Dinámica. O sea, "Yo puedo determinar mis propias acciones". Pág. 102.

Autoridad: **1.** Grupo de expertos o supuesto experto cuyos puntos de vista y opiniones en un tema es probable que se acepten sin cuestionar y sin referirse a hechos o resultados. Pág. 34.
2. Poder de requerir y recibir sumisión; derecho de esperar obediencia; superioridad. Pág. 38.

autoritario: que pertenece o está relacionado con el autoritarismo. Pág. 33.

autoritarismo: sistema o práctica de una *Autoridad*, persona que supuestamente es experta o cuyos puntos de vista y opiniones en un tema son probables a ser aceptados sin cuestionar y sin referirse a hechos o resultados. Bajo el autoritarismo la libertad de criterio y acción sería ignorada para favorecer la obediencia absoluta a los "expertos". Pág. 40.

axiomas: declaraciones de leyes naturales del tipo de las de las ciencias físicas. Pág. 25.

Babilonia: capital del imperio *Babilónico*, antiguo imperio del sudoeste asiático (situado en la zona que ahora se llama Irak) que floreció alrededor de 2100-689 a. C. Babilonia, la ciudad más importante en Asia occidental durante ese periodo de tiempo, fue famosa por sus espléndidos templos y palacios. Pág. 205.

bacteria: organismos unicelulares, algunos de los cuales causan enfermedades. Pág. 26.

bandolerismo: actividad de los bandidos que roban a los viajeros en las montañas, los bosques o en los caminos, generalmente como miembro de una banda itinerante. Pág. 103.

barbarie: ausencia de cultura; ignorancia bárbara caracterizada por una crueldad salvaje y violenta. Pág. 191.

barrera: espacio, movimiento de energía u obstáculos. Pág. 100.

barro, producto del: alusión a la teoría de que el Hombre proviene del barro. Esta teoría predica que en el barro se formaron productos químicos, y que mediante ciertas combinaciones y pautas accidentales, se habría formado una célula primitiva individual. Esta célula primitiva chocó luego con otras células similares y, por casualidad, formaron una estructura más compleja de células individuales, que se convirtió en un organismo unitario. De esta combinación de células, a la larga, supuestamente se formó el Hombre. Pág. 3.

básica, personalidad: el individuo mismo. El individuo básico no es un desconocido enterrado o una persona diferente, sino una intensificación de todo lo mejor y más capaz en la persona. Pág. 237.

beingness: la condición de ser se define como el resultado de haber asumido una identidad. Por ejemplo, el nombre de uno, la profesión de uno, las características físicas de uno. Cada una de estas cosas, o todas ellas, se podrían llamar el beingness de uno. El beingness lo asume uno mismo o se le da a uno o se logra. Pág. 261.

beneficencia, estado de: sistema político en el que el gobierno asume la carga principal de sus ciudadanos, como por ejemplo al pagarles directamente cuando están en paro o apoyar financieramente sus necesidades médicas. Pág. 137.

bestia sanguinaria: persona inclinada a la guerra o ávida de derramamiento de sangre. *Bestia* significa una persona que se comporta de manera violenta y maleducada o que es desconsiderada y poco amable con los demás. *Sanguinario* se refiere a una persona que se complace en derramar sangre y es cruel y despiadada. Pág. 159.

bien: cosas tangibles y reales, como las materias primas o un producto agrícola primario que se puede comprar y vender. Pág. 100.

blanco incorrecto: selección incorrecta de un objetivo que atentar o al que atacar. Pág. 194.

bloque: edificio que comprende varios pisos o varias casas de la misma altura. Pág. 238.

bloquear: refrenar; contener o controlar. Pág. 161.

bola de cristal: bola de cristal o vidrio transparente que emplean tradicionalmente los adivinos para predecir el futuro. Pág. 150.

bomba atómica: tipo de bomba extremadamente destructiva, cuyo poder resulta de la cantidad inmensa de energía que se libera repentinamente al dividir los núcleos (centros) de los átomos en fragmentos. Pág. 11.

borrar del mapa: de manera que no aparezca en un mapa debido a su completa destrucción. Pág. 74.

budista: relativo al *budismo,* la religión fundada por Siddarta Gautama Buda (563-¿483? a. C.), maestro y filósofo religioso de la India. El budismo enfatizaba la disciplina física y espiritual como medio de liberación del mundo físico. *Buda* significa alguien que ha alcanzado la perfección intelectual y ética por medios espirituales. Pág. 173.

buenos tiempos: expresión usada para referirse a un tiempo pasado que se recuerda con nostalgia, como habiendo sido mejor que el presente, y a veces a pesar de las modernas mejoras en el terreno de la ciencia, la tecnología, etc. Pág. 7.

cacería de brujas: investigación y esfuerzo intensivos llevados a cabo supuestamente para destapar y poner al descubierto alguna deslealtad, deshonestidad, o algo similar, usualmente basada en pruebas dudosas o irrelevantes. La frase se refiere a las antiguas cacerías de brujas, que a menudo condujeron a la ejecución de personas, acusadas de haber practicado brujería, basándose en escasas pruebas. Pág. 203.

cadena de mando: serie de puestos ejecutivos o de oficiales y subordinados en orden de autoridad especialmente con respecto a la transmisión de órdenes, responsabilidad, informes, o requerimientos de lo más alto a lo más bajo o desde abajo hacia arriba. Pág. 139.

Caldea: el antiguo nombre que se le daba a las tierras en el extremo del Golfo Pérsico, al sur de Babilonia. Los caldeos conquistaron Babilonia en el siglo VII a. C., estableciendo el Imperio Caldeo (aprox. 625-539 a. C.). Caldea se expandió y se convirtió en el centro del mundo civilizado hasta que fue conquistada por los persas en 539 a. C. Pág. 215.

camarilla(s): grupo de gente pequeño y exclusivo que se asocia para finalidades indignas o egoístas, como imponerse como autoridad suprema en algún campo concreto. Pág. 139.

camisa de fuerza: especie de camisa fuerte abierta por detrás, con mangas cerradas en su extremidad, inventada para sujetar los brazos de una persona. La camisa de fuerza se emplea para impedir que una persona violentamente desorientada se haga daño a sí misma o a los demás. Pág. 160.

campanas, por quién doblan las: referencia a una línea de un ensayo religioso por el poeta inglés John Donne (1572-1631), que en parte dice:

"Ningún hombre es una isla, un todo para sí; todo hombre es parte del continente, parte de la Tierra..., la muerte de cualquier hombre me disminuye, ya que estoy involucrado con la humanidad; por lo tanto, nunca mandes a buscar por quién doblan las campanas, doblan por ti". Históricamente, las campanas de las iglesias han doblado (tocado lentamente) para anunciar muertes. Pág. 61.

campo: esfera o ámbito de actividad o autoridad. Pág. 26.

canto del cisne: última acción o manifestación de alguien o algo antes de morir. Proviene de la creencia de que los cisnes moribundos emiten un canto antes de morir. Pág. 205.

capa caída, ir de: ir a peor o a una condición inferior. Pág. 174.

capricho(s): ventaja accidental o resultado de una acción; suerte. Pág. 127.

característico: distintivo, particular, peculiar, propio. Pág. 229.

cargo: posiciones que tienen las personas en la sociedad o en una organización en términos de clase social o de rango. Pág. 205.

cargo, bajo el: al cuidado de uno, bajo su control y responsabilidad. Pág. 140.

carreras, ganar en las: competiciones organizadas en las que se corre por una pista regular, como carreras de caballos o perros, donde la gente apuesta dinero a un ganador potencial con la esperanza de ganar dinero. Pág. 115.

casan, van y se: casarse sin previo aviso. Casarse de forma imprevista y sorprendente. Pág. 149.

causa: poder, influencia o fuente por la que algo llega a existir, se desarrolla una acción o por la que se crea un efecto. Pág. 195.

causa nociva: cosas, acciones, etc., que son muy destructivas. Pág. 175.

causa obsesiva: alusión a un estado o condición caracterizados por únicamente causar cosas, pareciéndose, por tanto, a una obsesión: la dominación de los pensamientos o sentimientos de uno por una idea, imagen, deseo, etc., persistentes. Pág. 173.

causar: actuar de tal modo que ocurra alguna cosa concreta como resultado; producir un efecto; ser el punto de emanación o el punto fuente de una acción. Pág. 173.

cave-in, hacer: la frase tiene su origen en el Oeste americano, con el sentido de colapso mental o físico, como al estar en el fondo de la galería de una mina cuando ceden los puntales y dejan a la persona bajo toneladas de escombros. Que *alguien haga cave-in* quiere decir experimentar un colapso mental y/o físico hasta el punto en que uno no puede funcionar de manera causativa. Pág. 245.

censura: caracterizado por una inclinación a condenar con gravedad los errores morales, los defectos, etc.; sumamente crítico. Pág. 182.

censurablemente: de manera que merece una crítica o desaprobación fuerte y directa. Pág. 241.

censurado: que se le ha quitado o cambiado alguna parte para suprimirlo o controlarlo o impedir que llegue a otras personas. Pág. 209.

censurar: criticar o culpar con severidad, a veces de manera formal u oficial. Pág. 141.

cercenar: disminuir o acortar. Pág. 245.

cese: paro temporal o completo; discontinuación. Pág. 137.

chifladura: locura, manía o acción propias de un chiflado. Pág. 236.

Christie: John Reginald Christie (1898-1953), asesino inglés. Se le condenó y colgó por el asesinato de su mujer, pero confesó haber asesinado a otras mujeres y se piensa que llegó a asesinar hasta a ocho, cuyos cuerpos se encontraron en las paredes, bajo las maderas del suelo y en el jardín de su casa. Pág. 192.

ciclo-de-acción: secuencia por la que pasa una acción, en la que la acción se comienza, se continúa durante el tiempo que haga falta y luego se termina según se planeó. Pág. 194.

ciencia: conocimiento; comprensión o entendimiento de hechos o principios, clasificados y puestos a disposición de cualquiera en el trabajo, la vida o la búsqueda en pos de la verdad. Una ciencia es un cuerpo conexo de verdades demostradas o hechos observados organizados de forma sistemática y unidos bajo leyes generales. Incluye métodos fidedignos para el descubrimiento de nuevas verdades dentro de su propia esfera de acción y denota la aplicación de métodos científicos en campos de estudio previamente considerados abiertos sólo a teorías basadas en criterios subjetivos, históricos o no demostrables y abstractos. La palabra ciencia, aplicada a Scientology, se usa en este sentido (el significado más fundamental y tradicional de la palabra), y no en el sentido de las ciencias físicas o materiales. Pág. 25.

Ciencia Cristiana: religión fundada en 1879 por Mary Baker Eddy (1821-1910) y basada en algunas de las enseñanzas de Jesús. Los seguidores de la Ciencia Cristiana consideran la Biblia como la máxima autoridad, creen que Dios es infinitamente bueno y todopoderoso, niegan la realidad del mundo material, arguyendo que el pecado y la enfermedad son ilusiones que han de ser vencidas por la mente y por ello se basan en la curación espiritual en vez de en la asistencia médica para combatir las enfermedades. Pág. 173.

ciencias físicas: cualquiera de las ciencias, como la física y la química, que estudian y analizan la naturaleza y propiedades de la energía y la materia inerte. Pág. 26.

científico: relativo a la ciencia o las ciencias; que usa o practica los métodos de los científicos o concebidos por los científicos. Pág. 27.

círculo íntimo: pequeño grupo de personas dentro de un grupo más grande, que tienen mucho poder, influencia e información especial. Pág. 272.

cizañero: persona que esparce informes falsos o dañinos acerca del carácter o la reputación de otros. Pág. 193.

Clear: un *Clear* es una persona que no está aberrada. Es racional en cuanto a que forma las mejores soluciones posibles que puede sobre los datos que tiene y desde su punto de vista. Esto se logra mediante el *clearing,* liberando todo el dolor físico y la emoción dolorosa de la vida de una persona. Véase *Dianética: La Ciencia Moderna de la Salud Mental.* Pág. 48.

código de conducta: cualquier conjunto de principios o reglas de conducta. Pág. 165.

código moral: código acordado de conducta correcta e incorrecta. Es esa serie de acuerdos a los que una persona se ha suscrito para garantizar la supervivencia de un grupo. El origen de un código moral es cuando se descubre tras experiencias reales que algunas acciones son más contra-supervivencia que pro-supervivencia. La prohibición de esta acción pasa entonces a formar parte de las costumbres de la gente y al final puede convertirse en ley. Pág. 243.

coherente: algo que, en una secuencia, sigue detrás de otra cosa, o una conclusión que sigue lógicamente algo que ya se ha declarado o mencionado. Pág. 150.

compañía: unidad militar de entre ochenta y doscientos soldados bajo el mando de un capitán. Pág. 103.

complementar: perfeccionar o completar; suministrar lo que hace falta. Pág. 140.

composición: modo en que se hace la totalidad de algo, especialmente la manera en que se combinan o relacionan sus diferentes partes. Del latín *compositio,* poner junto. Pág. 93.

comunicación: algo que se envía y que se recibe. La intención de enviar y la intención de recibir deben estar ambas presentes, en cierto grado, antes de que pueda ocurrir una auténtica comunicación. Es una de las tres partes del A-R-C (afinidad, realidad y comunicación). Pág. 26.

concebir: tener una imagen mental, especialmente como adelanto de algo, imaginar (algo que aún no existe); imagen en la mente, especialmente de algún evento o eventos futuros. Pág. 62.

concéntrico: que tiene un centro común, como círculos que están uno dentro del otro. Pág. 85.

conclusión formada de antemano: decisión u opinión formada por anticipado a una consideración o evidencia adecuada. Pág. 41.

condenado: sentenciado a sufrir una suerte espantosa, especialmente a la que no se puede escapar. Pág. 101.

condensado: dicho de un área o volumen comprimido. Pág. 93.

condición sin juego: condición que ocurre cuando uno ha ganado o ha perdido por completo. Cuando una persona continúa jugando un juego después de haberlo ganado o perdido completamente, se le quita su realidad del juego, porque él ya no responde realmente mientras lo hace. Por ejemplo, alguien tiene un juego con un automóvil de intentar salir de los semáforos el primero. Después del quinto accidente, es una condición de sin juego, porque él todavía tiene que conducir pero sabe que ha perdido el juego y ya no es un juego para él. Pág. 100.

conducir: incitar o forzar a funcionar, a menudo de manera excesiva. Pág. 141.

confrontar: encarar y experimentar (aquellas cosas que son). Pág. 128.

conmoción: actividad agitada y ruidosa, confusión o disturbio. Pág. 35.

conmutador telefónico: la parte central de un sistema telefónico que usan las compañías, donde las llamadas se reciben y se transfieren a la persona o departamento correspondiente. Pág. 116.

consciencia: estado de ser consciente; percepción de la propia existencia, sensaciones, pensamientos, entorno. Pág. 65.

con seguridad: de fijo; sin duda. Pág. 122.

consideración: **1.** Idea, opinión o pensamiento. Pág. 47.
2. Algo que se tiene o se debe tener en cuenta al tomar una decisión, hacer una evaluación de hechos, etc. Pág. 91.
3. Deliberación o pensamiento cuidadoso. Pág. 174.

contraponerse: colocarse en oposición. Pág. 104.

contraposición: diferenciación entre dos cosas mediante identificar sus cualidades contrastadas. Pág. 157.

contra-supervivencia: de *contra,* que implica negación o ausencia de, y *supervivencia*. Por lo tanto, la *contra-supervivencia,* es una negación o ausencia de supervivencia, el acto de permanecer vivo, de continuar existiendo, de estar vivo. Pág. 59.

contusión: moretón o lesión en el que la piel no se rasga ni se rompe. Pág. 26.

convalecencia: recuperación gradual de la salud y la fortaleza después de una enfermedad. Pág. 194.

conveniente posición: *conveniente* significa adecuado o benéfico, usualmente como resultado de un acto deshonesto y sugiere una intimidad oportunista o conspiradora. Una *posición conveniente* es una relación entre dos o más partes que usualmente es benéfica de forma monetaria o por poder, frecuentemente como resultado de deshonestidad, oportunidad mutua, conspiración, etc.; como en "una conveniente posición entre miembros de un grupo de presión y los políticos". Pág. 34.

corcel de acero: alusión a una motocicleta. Un *corcel* es un caballo de mucha alzada, que servía para los torneos y batallas. Pág. 8.

cordura: racionalidad. Un hombre está cuerdo en tanto que pueda computar con precisión, limitado únicamente por la información y el punto de vista. Pág. 34.

corresponder: ser cierta cosa obligación o derecho de alguien que se expresa. Pág. 135.

corriente: curso de sucesos, cambio constante o frecuente de fuerzas. Pág. 114.

credo: **1.** Creencia que se tiene firmemente o un conjunto de principios que se han adoptado como guía para la acción o la consecución de algo. Pág. 136.
2. Sistema o conjunto de creencias u opiniones religiosas. Pág. 160.

crisis del petróleo: escasez de petróleo que ocurrió en los Estados Unidos y ciertos países europeos a comienzos de la década de los 70s. La escasez la causaron principalmente las restricciones impuestas por la Organización de Países Exportadores de Petróleo (OPEP) sobre el comercio de petróleo que regulaba la cantidad de petróleo producido por sus países miembros y fijaba los precios para su exportación. Las restricciones pretendían castigar a los Estados Unidos y algunos de sus aliados por su apoyo a Israel en su conflicto de 1973 con los estados árabes. La situación causó un amplio pánico, una grave escasez de gasolina y un enorme aumento en los precios. La crisis continuó a niveles variables a lo largo de los años sucesivos y para 1980 el precio del petróleo era diez veces más alto que en 1973. Pág. 240.

criterio(s): 1. Estándar que se usa para juzgar la cualidad, el valor o el éxito de algo. Pág. 243.
2. Estándares de juicio; normas para conocer la verdad; reglas o principio para evaluar o hacer un test a algo; principios o estándares por los que se puede juzgar o decidir sobre algo o alguien. Pág. 205.

crónicamente: de manera que dura mucho tiempo o que está en un estado continuo. Pág. 65.

culminar: finalizar o llegar a una fase final o resultar en algo, a menudo con la sensación de haber alcanzado un momento decisivo o más intenso en el desarrollo o resolución de algo. Pág. 25.

cultivo: grupo de microorganismos que crecen en una sustancia especial bajo condiciones controladas, con propósitos científicos, médicos o comerciales. Pág. 39.

cúmulo: número grande; gran cantidad. Pág. 25.

dar lugar: seguir como consecuencia. Pág. 9.

darse cuenta: hacer real; darle realidad a algo o a alguien. Pág. 62.

dato: unidad de información, como un hecho; algo que se sabe o se asume. Pág. 33.

Dato Primario: supuesto dato (pieza de información, hecho, etc.) que es fundamental o básico y del cual otros datos pueden derivar o provenir. Pág. 36.

da Vinci, Leonardo: (1452-1519) pintor, dibujante, escultor, arquitecto e ingeniero italiano quien dejó cuadernos con observaciones de ingeniería y científicas las cuales en muchos casos estaban adelantadas para su tiempo por varios siglos. Pág. 35.

debido a que: por la razón de que. Pág. 25.

decreto, por: por medio de declarar en una orden o resolución oficial. Pág. 36.

de esta manera: de este modo o de esta forma. Pág. 103.

deficiencia: falta o carencia con respecto a cierto estándar, por lo general refiriéndose al carácter o conducta de una persona. Pág. 86.

degradación: modo de vida sin dignidad, salud ni comodidades sociales; condición de extremada pobreza y descuidado abandono. Pág. 241.

de inmediato: prontamente sin ningún retraso. Pág. 103.

dejar: proporcionar, rendir o dar algo como producto, consecuencia o efecto. Pág. 49.

de modo que: por consiguiente; por tanto; como resultado. Pág. 60.

denominador común: algo que tienen en común varias personas, cosas, situaciones, etc.; característica compartida. Pág. 91.

depresión: 1. Periodo caracterizado por una debilitación de la actividad empresarial, un incremento del desempleo, precios y salarios en brusco descenso, etc. Pág. 114.
2. Sentimiento de tristeza en el que una persona siente que no hay esperanza para el futuro. Pág. 272.

derivar: surgir u originarse de algo, o ser causado por algo o alguien. Pág. 182.

dermatitis: inflamación de la piel que produce enrojecimiento, inflamación, comezón u otros síntomas. Pág. 73.

derrotar: vencer, como en una lucha, juego o competición. Pág. 160.

derrotista: persona que aboga por la derrota o la acepta; describe a una persona que, debido a la convicción de que cualquier esfuerzo adicional es inútil, se rinde con facilidad o ya no se resiste a la derrota. Pág. 73.

descargar: liberar carga (almacenamiento o acumulación de fuerza o de energía) de; descargar. Pág. 74.

descendente, espiral: cuanto más empeora un individuo, más capacidad tiene de empeorar. Espiral aquí se refiere a un movimiento progresivamente descendente que marca un implacable deterioro de la situación, y se considera que adquiere la forma de una espiral. El término proviene de la aviación, donde se usa para describir el fenómeno de un avión que desciende haciendo una espiral con círculos cada vez más cerrados, como en un accidente o en un número de acrobacia, que si no se contrarresta puede resultar en la pérdida de control y que el avión se estrelle. Pág. 75.

descender: moverse desde un sitio alto a uno más bajo; ir hacia abajo. Pág. 94.

desenfreno: comportarse de manera incontrolada y descuidada, sin pensar acerca de lo que se está haciendo. Pág. 149.

desesperado: enfrentado a lo peor con firmeza o propósito; en situación de hacer un esfuerzo último y final; dándolo todo. Pág. 130.

desestimar: subestimar el significado o efectividad de algo; minimizar o dejar de lado por irrelevante. Pág. 47.

desolación: sentimiento de soledad, abandono, tristeza, desesperanza y desesperación. Pág. 274.

destino: algo desfavorable que le ocurre inevitablemente a alguien o a algo. Pág. 113.

desvariar: despotricar; hablar sin consideración ni reparo, generalmente criticando a los demás. Pág. 182.

desviar: sacar algo de rumbo o encaminarlo a otro propósito distinto, etc. Pág. 150.

desvirtuar: desviar del uso, propósito o sentido apropiado; aplicar mal o desencaminar. Pág. 141.

deteriorarse: desbaratarse el orden o la disposición de algo; alterar la condición o la función normal. Pág. 113.

determinación: de una manera que es firme y con resolución. Pág. 122.

determinismo: poder de elección o decisión. Pág. 26.

devorar: consumir o hacer desaparecer por completo. Pág. 48.

Dianética: Dianética es la precursora y subestudio de Scientology. Dianética significa "a través de la mente" o "a través del alma" (del griego *dia,* a través; y *nous,* mente o alma). Es un sistema de axiomas coordinados que resuelve los problemas relativos al comportamiento humano y a las enfermedades psicosomáticas. Combina una técnica funcional y un método concienzudamente comprobado para aumentar la cordura, mediante el borrado de sensaciones indeseadas y emociones desagradables. Véase en este Glosario, *Dianética: La Ciencia Moderna de la Salud Mental* y otros libros de Dianética en el Estudio Adicional en el Apéndice. Pág. 273.

diatriba: ataque verbal, censura contra alguien o algo. Pág. 272.

Dickens: Charles Dickens (1812-1870), famoso escritor inglés que escribió sobre la sociedad del siglo XIX y cuyos relatos a menudo pintan personajes excéntricos. *Véase también* **"esperar a que algo surja".** Pág. 115.

dientes, apretar los: armarse de valor para encarar algo desagradable o superar una dificultad. Pág. 115.

diferenciación: acción y efecto de ver, darse cuenta o encontrar la diferencia entre dos o más cosas. Pág. 209.

difundir: hacer que se conozca algo; contar; relatar. Pág. 193.

difusión de boca en boca: comunicación usando la palabra hablada, a diferencia de la escrita y otros métodos de expresión. Pág. 262.

dilema: estado de incertidumbre. Pág. 248.

diligencia: actuar o hacer algo con rapidez y eficacia. Pág. 136.

Dillinger: John Dillinger (1902-1934), tristemente famoso asaltante de bancos americano; asesino que se fugó de la cárcel en dos ocasiones y que fue declarado "enemigo público número uno" en 1933 por su intervención en numerosos robos y asesinatos, incluyendo el de un policía, llevado a cabo por él mismo junto a miembros de una banda que organizó. Pág. 192.

disciplinar: la práctica de penalizar o castigar a la gente para entrenarles en la obediencia a las reglas o a un código de comportamiento. Pág. 183.

disfunción: acción o hecho de funcionar mal o de manera imperfecta, o fracasar en funcionar normal o comúnmente. Pág. 25.

dócil: que se puede manejar con facilidad. Pág. 160.

doctrina: algo que se enseña o se establece como una verdad en relación con un tema en particular o con un conjunto de conocimientos. Pág. 117.

domar: aplastar la fuerza emocional o ánimo de alguien. Pág. 157.

Durant, Will: William (Will) James Durant (1885-1981), escritor e historiador norteamericano que popularizó la filosofía. El libro de Durant, *Historia de la Filosofía* (1926) explica en lenguaje llano las ideas centrales de los grandes filósofos del mundo y habla de sus vidas. A pesar de la crítica de muchos críticos y eruditos que condenaron el libro por su estilo simplificado, fácilmente comprensible para el lector medio, *Historia de la Filosofía* fue inmensamente popular, vendiéndose millones de ejemplares en una docena de idiomas. Pág. 271.

economizar: **1.** Evitar cuidadosamente el desperdicio financiero. Pág. 113. **2.** Uso eficiente de recursos. Pág. 140.

efecto: algo que se produce como resultado de una acción o una causa; resultado; consecuencia. Pág. 73.

Egipto: reino floreciente de tiempos antiguos, y una de las primeras civilizaciones conocidas, situado en el nordeste de África, básicamente en la región de la cuenca del río Nilo. Pág. 205.

elaborado: caracterizado por intricado y a menudo excesivo detalle; complicado. Pág. 261.

electrón: partícula de carga negativa que forma parte de todos los átomos. Pág. 57.

elemento: **1.** Componente o parte constitutiva de un todo. Pág. 57. **2.** Grupos de personas identificables dentro de un grupo más grande por sus pautas de conducta, intereses comunes, etc. Pág. 259.

eludir: mantener alejado de algo o alguien; rehuir (evitar) deliberadamente. Pág. 104.

emanar: causar; originar; producir. Pág. 175.

embotar: debilitar la fuerza o el entusiasmo. Pág. 61.

embrollado: enredado o hecho de manera que resulte más complicado de lo normal. Pág. 251.

eminente: elevado en posición, rango o reputación; prominente; distinguido. Pág. 34.

emoción equivocada: cualquier emoción que causa disgusto o malestar, como antagonismo, enojo, miedo, pesar, apatía o un sentimiento de muerte. Pág. 175.

empeñado: determinado; resuelto. Pág. 64.

encargar: confiar con una tarea como deber o responsabilidad. Pág. 38.

enclaustrado: recluido o aislado del mundo. Pág. 273.

encubierto: tapado, oculto o disimulado; que no se practica o muestra abiertamente. Pág. 92.

enemigos: oponentes de alguien o de algo. Pág. 122.

Energía: potencial de movimiento o potencia. Sería una fuerza o un flujo, o la fuerza o flujo potenciales, desde algo a otra cosa; o la capacidad de desarrollar trabajo; o la capacidad de efectuar movimiento. Es fuerza o movimiento potencial o real. Pág. 12.

enfrentar: hacer frente, desafiar u oponerse. Pág. 103.

engañoso: difícil de manejar o vérselas con alguien pues ello requiere destreza, cuidado o tacto (destreza o sensibilidad respecto a lo que es correcto al tratar con otros, para no molestarlos o incomodarlos). Pág. 149.

engordar los bolsillos: hacerse rico. Pág. 260.

engranaje: el término *engranaje* puede usarse de forma despectiva para describir a un trabajador individual (un engranaje) que lleva a cabo acciones menores y automáticas como parte de una "máquina" más grande e insensible. Esta visión del trabajador como un simple "obrero" y nada más, controlado por fuerzas más grandes, fue popularizada por Karl Marx a finales del siglo XIX. Marx no veía al trabajador como un individuo vivo y creativo, sino sólo como parte de una masa o clase de "obreros" similares realizando tediosamente (de forma aburrida y pesada) sus labores. Un *engranaje* es una rueda que tiene dientes de madera dura o de metal hechos de forma que se insertan entre los dientes de otra rueda de tal forma que encajan. Cuando un engranaje gira, la otra rueda también gira, transfiriendo de este modo el movimiento que impulsa la maquinaria. *Véase también* **Marx.** Pág. 130.

enigma: algo que es difícil de entender o de explicar. Pág. 47.

en la medida de lo posible: en cierta medida, en cierto grado. Pág. 136.

enloquecido: chiflado; demente; loco. Pág. 182.

entidades, supervivencia (contra-supervivencia): las entidades son cosas que tienen una existencia independiente o separada; cosas que tienen una delimitación de carácter y de ser. Entidades se refiere a personas que son la fuente de algo, en este caso supervivencia y contra-supervivencia. Pág. 162.

entrar en razón: dejar de estar furioso, resentido, etc., y volver a estar de mejor humor. Pág. 165.

enturbulación: estado turbulento, agitado o perturbado; conmoción y trastorno. Pág. 64.

enturbular: causar que algo sea turbulento, agitado y perturbado. Pág. 137.

en vías de: en curso o en trámite. Pág. 236.

eones: periodo largo de tiempo indefinidamente o incalculablemente inmenso. Pág. 245.

equilátero: que tiene todos los lados iguales. Pág. 93.

equivocarse: estar en lo incorrecto. Pág. 35.

era de la máquina: nombre dado a una era conocida por su uso extenso de aparatos mecánicos. Se usa en referencia al siglo XX debido a su amplio uso de máquinas y automatización. Pág. 228.

Era de los Milagros: periodo particular de la historia distinguido por milagros. Alusión a la era temprana de la Iglesia Cristiana, en la cual se dice que se llevaron a cabo muchos milagros, tanto por Jesús como por sus seguidores, de acuerdo a como se relata en la Biblia. Pág. 27.

erradicar: quitar o librarse de algo o alguien por completo. Pág. 73.

erudito: que muestra o se caracteriza por un profundo o extenso conocimiento; bien informado. Pág. 34.

esbozo: descripción general que cubre los puntos principales de algo, tal como un tema. Pág. 102.

Escala Tonal: escala de tonos emocionales que muestra los niveles del comportamiento humano. Estos tonos, alineados desde el más alto hasta el más bajo, son, en parte: Serenidad, Entusiasmo, Conservadurismo, Aburrimiento, Antagonismo, Enojo, Hostilidad Encubierta, Miedo, Pesar y Apatía. Pág. 92.

escaparse de las cosas: evitar, escapar o alejarse de algo. Pág. 106.

esclavista: persona que domina o controla a otros, como alguien que posee a otras personas que no tienen libertad ni derechos personales. Pág. 273.

esclavitud política: privación de la libertad política, un estado de estar esclavizado o completamente dominado. Pág. 229.

escollo: fuente de peligro o destrucción, que sugiere un naufragio. Pág. 149.

escuela de pensamiento: forma de pensar acerca de algo, como por un grupo de personas quienes comparten la misma actitud u opinión. Pág. 41.

esfera: área o campo de actividad, pensamiento, estudio o interés. Pág. 39.

esotérico: más allá de la comprensión o conocimiento de la mayoría de la gente; destinado a sólo unos pocos o únicamente comprendido por ellos. Pág. 19.

Espacio: punto de vista de la dimensión. No hay espacio sin punto de vista. No hay espacio sin puntos a los que ver. Pág. 12.

especie: grupo o clase de animales o plantas que poseen ciertas características comunes y permanentes que claramente los distinguen de otros grupos y que pueden reproducirse unos con otros. Se usa en sentido figurado. Pág. 158.

"esperar a que algo surja": referencia a la filosofía de la vida expuesta por el personaje de Mr. Wilkins Micawber, de la bien conocida novela del siglo XIX *David Copperfield,* escrita por el autor inglés Charles Dickens (1812-1870). A Micawber, un amigo de Copperfield, se le ocurren muchas ideas para producir riqueza, y aunque sus esfuerzos fracasan, nunca se da por vencido y siempre tiene la certeza de que algo "surgirá". Pág. 115.

espiral descendente: cuanto más empeora un individuo, más capacidad tiene de empeorar. *Espiral* aquí se refiere a un movimiento progresivamente descendente que marca un implacable deterioro de la situación, y se considera que toma la forma de una espiral. El término proviene de la aviación, donde se usa para describir el fenómeno de un avión que desciende haciendo una espiral con círculos cada vez más cerrados, como en un accidente o en un número de acrobacia, que si no se contrarresta puede resultar en la pérdida de control y que el aparato se estrelle. Pág. 104.

espíritu emprendedor: cualquier actividad o tipo de actividad sistemática con un propósito, especialmente la que se acomete con una finalidad económica o comercial. Pág. 197.

estabilidad: poner firme en una posición o sitio; con menos cambio o variación. Pág. 118.

estable: **1.** Establecido firmemente; sólido; fijo. *Estable* deriva del latín *stabilis,* que significa firme, fijo. Pág. 117.
2. Dicho de una persona, que tiene un carácter fiable, constante y firme. Pág. 157.

establecer: **1.** Presentar o declarar algo; exponer algo. Pág. 83.
2. Poner algo para que otros lo sigan; proporcionado como patrón o modelo. Pág. 129.

establecerse: ponerse una persona de una manera concreta, como para ocupar una cierta posición, función o algo así. Se usa frecuentemente en alusión a la constitución mental (composición o compostura) de una persona. Pág. 140.

estrés: supresión en una o más partes de la vida de una persona. Pág. 71.

estupidizado: característico de alguien con muy poca inteligencia; hecho estúpido. Pág. 160.

ética: racionalidad hacia el nivel más alto de supervivencia para el individuo, la raza futura, el grupo, la humanidad y las otras dinámicas tomadas de manera colectiva. Ética es razón. El arma más poderosa del Hombre es su razón. Pág. 135.

eutanasia: también llamada "muerte clemente", el acto de matar a alguien o permitir que muera sin dolor, como al retirar las medidas médicas extremas a una persona o animal que sufre de una enfermedad o dolencia incurable, especialmente una enfermedad o condición dolorosa. Pág. 64.

evaluación: acto de considerar o examinar algo con el fin de juzgar su importancia, valor o calidad. Pág. 36.

evaluar: considerar o examinar con el fin de juzgar la importancia, valor o calidad de algo o de alguien; determinar. Pág. 36.

ex barberos: un *barbero* es una persona que corta el cabello y rasura o arregla las barbas de los hombres. *Ex barberos* es una referencia a los practicantes de la medicina moderna (médicos, psicólogos y psiquiatras), quienes descienden de barberos que a través de los siglos han llevado a cabo cirugías y operaciones dentales de manera tosca. La psicología fue fuertemente influenciada por el psicólogo ruso Ivan Petrovich Pavlov (1849-1936), quien condujo experimentos de comportamiento con perros. Pavlov le mostraba comida a un perro mientras hacía sonar una campana. Después de repetir este procedimiento bastantes veces, el perro (por anticipado) salivaba al escuchar el sonido de la campana, sea que se le mostrara comida o no. Pavlov concluyó que todo el aprendizaje, incluso la actividad mental más elevada del hombre, dependía de tales procesos y sus experimentos son la base de la "psicología conductista" actual. Pág. 158.

experimentación: prueba de algo, por ejemplo un proceso o programa que se propone; se usa para descubrir y resolver problemas antes de su completa implantación. Pág. 140.

experimentar: el proceso o hecho de observar algo personalmente, encontrarse con algo o padecerlo; confrontar algo. Pág. 63.

exterior: situado fuera. Pág. 99.

extremo receptor: la persona en el punto receptor; la persona, objeto o sitio seleccionado como objetivo de un ataque. Pág. 175.

falacia: idea falsa o equivocada; error. Pág. 160.

fallecimiento: muerte; el final de la existencia de una persona. Pág. 26.

fallo: sentencia o resolución definitiva que toma un tribunal. Pág. 242.

falta de: ausencia o carencia de algo. Pág. 105.

faltar a la palabra: no cumplir con la palabra o promesa dada; actuar como un traidor. *Faltar* significa no cumplir con lo debido. *Palabra* significa una promesa o compromiso dado. Pág. 241.

fanático: caracterizado por una falta total de tolerancia a cualquier credo, creencia u opinión que difiere de la propia. Pág. 274.

fascista: alguien que practica el *fascismo* (sistema de gobierno dirigido por un dictador que tiene todos los poderes, suprime por la fuerza a la oposición y a la crítica, y reglamenta toda la industria, el comercio, etc.). Pág. 63.

FBI: siglas de la *Oficina Federal de Investigación* (del inglés *Federal Bureau of Investigation*), agencia gubernamental de Estados Unidos fundada para investigar las infracciones de las leyes federales y salvaguardar la seguridad nacional. Pág. 196.

fe: **1.** Religión o sistema de creencias religiosas. Pág. 25.
2. Confianza en una persona o cosa. Pág. 141.

fenómenos: hechos, sucesos o circunstancias observadas u observables. Pág. 218.

ficción: relato que describe eventos y personajes imaginarios, que se escribe, representa o cuenta con la intención de entretener al público. Pág. 35.

ficticio: algo inventado o imaginado; una historia falsa. Pág. 261.

filosofía: **1.** Amor, estudio o búsqueda de la sabiduría o del conocimiento de las cosas y sus causas, ya sea teórica o prácticamente; estudio de las verdades o principios que subyacen a todo conocimiento o ser (realidad) o conducta. Del griego *philos,* amor; y *sophia,* aprendizaje. Pág. 25.
2. Conjunto de opiniones, ideas o principios; una teoría básica; una visión o panorama, como los pertenecientes a un campo particular como en la filosofía política. Pág. 115.

física nuclear: rama de la física que trata del comportamiento, la estructura y los componentes del centro de un átomo (llamado núcleo), que constituye casi toda la masa del átomo. También en alusión a la bomba atómica creada por los físicos nucleares. Pág. 48.

Floyd, Pretty Boy: Charles Arthur Floyd (1904-1934), gángster americano, asaltante de bancos y asesino, que robó más de treinta bancos, asesinando al menos a diez personas, la mitad de las cuales eran policías. Pág. 192.

formidable: de tamaño, cantidad o calidad mayores de lo normal. Pág. 118.

fornido: fuerte, robusto o de gran corpulencia. Pág. 8.

fortuna: **1.** Supuesto poder que se cree que trae el bien o el mal a la gente; la suerte, que se cree que afecta las actividades humanas. Pág. 127.
2. Gran riqueza financiera o posesión material. Pág. 128.

fragilidad: cualidad de poderse romper con facilidad o que está expuesto a ser dañado o destruido. Pág. 158.

frente a: cuando es confrontado con algo. Pág. 182.

fría: sin emoción ni compasión; deliberadamente cruel. Pág. 260.

frustrar: bloquear u obstruir, como para impedir que triunfen los planes de alguien. Pág. 204.

fuera-de-ética: acción o situación en la que está inmerso un individuo, o algo que hace el individuo, que es contrario a los ideales, mejores intereses y supervivencia de sus dinámicas. Pág. 236.

fuerzas revolucionarias: grupo de personas que apoyaron la Revolución Rusa de 1917 y lucharon en ella. Las fuerzas revolucionarias, conducidas por los comunistas bajo Vladimir Lenin (1870-1924), derrocaron al zar (emperador de Rusia) y establecieron un gobierno comunista. Pág. 217.

fundado: basado o apoyado en algo, como una conclusión, con pruebas o con razonamiento. Del latín *fundus* "fondo, base". Pág. 114.

fundamental: básico, principal o que constituye un fundamento. Pág. 241.

Galeno: nombre completo, Claudius Galenus (d. C. ¿130?-200), médico griego que creía equivocadamente que el hígado convertía la comida en sangre la cual luego subía como la marea en el resto del cuerpo y se absorbía. Su indiscutible autoridad en medicina desalentó la búsqueda original e inhibió el progreso médico hasta el siglo XVI cuando el médico británico William Harvey (1578-1657) descubrió que la sangre circulaba a través del cuerpo y era impulsada hacia el corazón, probando entonces que la teoría de Galeno era incorrecta. Pág. 34.

ganar un imperio: expandirse y obtener influencia, dominio y control aumentados. Pág. 141.

garete, irse al: caer en un estado de desastre o ruina. Pág. 150.

gastar: usar o emplear un montón de tiempo, energía, atención, etc., para hacer algo. Pág. 164.

gnóstico: de o relacionado con el conocimiento. Pág. 25.

gracia: elegancia o belleza en la forma, las maneras, el movimiento o la acción. Pág. 8.

grito de guerra: literalmente grito de las tropas en la batalla. En sentido figurado es algo que se grita para estimular o cohesionar a un grupo. Pág. 103.

grosso modo: aproximadamente, a grandes rasgos, o más o menos. Pág. 102.

habitable: adecuado o lo bastante bueno para vivir en él. Pág. 9.

hacha de pedernal: antigua herramienta o arma formada por medio de dar forma a un pedazo de piedra de pedernal, una piedra dura y de color gris que se astillaba en pedazos con bordes filosos y cortantes. Pág. 35.

Harvey: William Harvey (1578-1657), médico inglés quien, usando procedimientos científicos y experimentación, descubrió la circulación de la sangre y el papel del corazón, demostrando así que las teorías de Galeno eran incorrectas. Pág. 34.

hazaña: acto o logro mostrando destreza, imaginación, etc., inusuales. Pág. 129.

hexaedros: alusión a los cubos (hexaedros) que se usan en los tests psicológicos para que una persona haga ciertas acciones requeridas con los hexaedros (coloreados por lo general) y así, supuestamente, medir su estado mental. Pág. 150.

Historia de la Filosofía: título de un libro, publicado en 1926 por William (Will) James Durant (1885-1981), escritor e historiador americano y divulgador de la filosofía. El libro explica en lenguaje llano las ideas centrales de los más grandes filósofos del mundo y cuenta sus vidas. A pesar de la crítica de muchos críticos y eruditos que condenaron el libro por su estilo simplificado fácilmente comprensible para el lector promedio, *Historia de la Filosofía* fue inmensamente popular, vendiendo millones de ejemplares en una docena de idiomas. Pág. 272.

Hitler: Adolf Hitler (1889-1945), líder político alemán del siglo XX que soñaba con crear una raza superior que gobernaría durante mil años como tercer Imperio Alemán. Alzándose al poder de Alemania mediante la fuerza como dictador en 1933, comenzó la Segunda Guerra Mundial (1939-1945), sometiendo gran parte de Europa a su dominio, asesinando a millones de judíos y otros considerados "inferiores". Se suicidó en 1945 cuando la derrota de Alemania era inminente. Pág. 64.

hoja de servicio: el registro del empleo de una persona en una rama del servicio militar. Por ejemplo, una hoja de servicio naval contiene documentos como el certificado de nacimiento, certificados escolares, cartas de recomendación, contrato de alistamiento, historial de destinos, historial de cumplimiento, historial médico, rango, etc. Pág. 274.

Hombre: raza o género humano, la especie humana, la Humanidad. Pág. 11.

hombre: **1.** Varón que ha llegado a la edad adulta, por contraposición a una mujer o un niño. Pág. 8.
2. Un ser humano, sin importar su sexo o edad; una persona. Pág. 37.

hombre de la calle: persona común y corriente, especialmente alguien que no tiene un conocimiento especializado en la materia de que se trata. Pág. 271.

hombres de Dios: personas santas o devotas consagradas al servicio de Dios, como los santos o los profetas. Pág. 48.

honor: adhesión a las acciones o principios que se consideran correctos, morales y de un elevado nivel; integridad, excelente sentido de lo que está bien y lo que está mal. Pág. 19.

hostilidad: que siente o expresa enojo, antipatía, fuerte oposición o indignación, especialmente hacia una persona o cosa concreta. Pág. 103.

humanidad: cualidad de ser humano; amabilidad; benevolencia. Pág. 273.

humanidades: ramas del conocimiento que tratan sobre el pensamiento y las relaciones humanas, especialmente la filosofía, literatura, historia, arte, idiomas, etc., por contraposición a las ciencias naturales (ciencias como la biología, la química y la física, que tratan sobre los fenómenos observables en la naturaleza); las ciencias sociales, incluyendo la sociología (la ciencia o estudio del origen, desarrollo, organización y funcionamiento de la sociedad humana), psicología, economía, ciencias políticas, etc. En un principio, las humanidades se referían a la educación que capacitaría a una persona para pensar libremente y juzgar por sí misma, a diferencia de un estudio restringido de las aptitudes técnicas. Pág. 39.

ideología: doctrina, opiniones o modo de pensar de un individuo, clase, etc.; específicamente, el conjunto de ideas sobre las que se basa un sistema político, económico o social concretos. Pág. 48.

ileso: que no ha sufrido daño ni herida, no perjudicado. Pág. 183.

ilusión: idea falsa; creencia u opinión (sobre uno mismo, algún otro, una situación, etc.) que no concuerda con los hechos o la realidad. Pág. 165.

imbécil: persona que no tiene toda su capacidad mental o inteligencia; estúpida o inconsciente. Pág. 159.

imparcialidad: calidad de objetivo, neutral, sin prejuicios, en este sentido, significa que no se está afectado por un compromiso emocional o alguna otra forma de prejuicio. Pág. 99.

impenetrable: que no se puede entender. Pág. 271.

imperio, ganar un: expandirse y conseguir una mayor influencia y control. Pág. 141.

imposibilitar: privar de la habilidad o la fuerza; volver incapaz o inadecuado; deshabilitar. Pág. 237.

imprudente: que muestra atrevimiento o coraje pero no sabiduría o sentido común. Pág. 72.

impulso: ímpetu, motivación. Pág. 83.

inadvertidamente: sin ser advertido ni notado, sin consciencia. Pág. 237.

incendiarios: personas que intencionalmente y de forma maliciosa prenden fuego a edificios u otras propiedades. Pág. 174.

incidencia: el índice o porcentaje en que ocurre algo, especialmente si es algo indeseado. Pág. 105.

incierto: visto con sospecha o desconfianza. Pág. 73.

indicios: indicador, señal o medida de algo. Pág. 205.

indispensable: esencial, que no se puede eliminar ni descartar. Pág. 129.

individualidad: suma de características o cualidades que diferencian a una persona de otras; carácter individual. Pág. 84.

industria: actividad económica que se ocupa del procesamiento de materia prima o la manufactura de artículos en fábricas. Pág. 129.

industrial: alguien que posee o está relacionado con la dirección de una industria, especialmente a gran escala. Pág. 114.

inexplicable: que no se puede explicar, entender o poner en claro. Pág. 114.

infalible: siempre correcto o preciso. Pág. 138.

infanticidio: práctica de asesinar niños recién nacidos. Pág. 236.

infectar: mancillar o contaminar con algo que afecta negativamente a la calidad, carácter o condición de algo; corromper o afectar moralmente. Pág. 228.

infinito: extensión de tiempo, espacio o cantidad ilimitados; capacidad, energía, excelencia o conocimiento ilimitados. Pág. 38.

iniciativa: poder, capacidad o presteza para comenzar o continuar enérgicamente con un plan o tarea. Pág. 101.

Inquisición: tribunal especial establecido a finales del siglo XV bajo los gobernantes de España, la Reina Isabel I (1451-1504) y el rey Fernando V (1452-1516). La Inquisición Española identificó, interrogó bajo tortura para sonsacar "confesiones", encarceló, juzgó en tribunales y castigó quemando en la hoguera a personas de la fe judía, mahometana y, más tarde, protestantes, que tuvieran creencias contrarias a la Iglesia Católica Romana. Según ordenó Tomás de Torquemada (1420-1498), el primero y más famoso gran inquisidor y también confesor de los Reyes Católicos, miles de personas fueron expulsadas de España y miles de personas más fueron asesinadas. La Inquisición fue finalmente abandonada por España en 1834. Pág. 204.

insaciable: que tiene un gran deseo de poseer algo, especialmente algo que le pertenece a otra persona. Pág. 241.

insidiosamente: que contiene un engaño oculto o disimulado con el fin de perjudicar a alguien. Pág. 251.

inspiración: estímulo o influencia externa sobre la mente (y las emociones) que impulsa (de manera creativa) a pensar de cierta forma, a actuar, etc. Se usa de forma humorística. Pág. 121.

instrucción: acción de dar instrucciones, especialmente acerca de los fundamentos de un tema. Pág. 27.

instruido: indoctrinado en un principio, tema, etc. Pág. 173.

intelecto: capacidad de pensar y adquirir conocimiento, especialmente de un orden elevado o complejo; capacidad mental. Pág. 150.

intelectual: persona que emplea su tiempo en estudiar, o que dice pertenecer a un grupo de gente altamente inteligente. Pág. 271.

interminablemente: que es continuo o incesante, de manera que molesta. Pág. 36.

intervenir: tomar parte en un asunto. Pág. 121.

introspectivamente: de manera que se practica la *introspección,* considerar el estado o los sentimientos internos de uno. Pág. 40.

inútil: que no es aceptable de acuerdo con los estándares actuales; obsoleto. Pág. 63.

invalidación: refutar, degradar, desacreditar o negar algo que alguna otra persona considera que es un hecho; criticar, desacreditar o destruir la validez de alguien o sus pensamientos, emociones o esfuerzos. Pág. 193.

invalidar: debilitar o hacer menos valioso; desacreditar, nulificar. Pág. 117.

invocar: citar, apoyarse o usar algo como una ley en apoyo de un razonamiento o de un caso. Pág. 228.

jesuita: miembro de los jesuitas, orden religiosa Católica Romana (Compañía de Jesús) fundada en 1534. Siendo ante todo una orden sobre todo misionera, los jesuitas empleaban la educación como el principal medio de diseminar sus creencias. Pág. 157.

Job: en el Antiguo Testamento, un hombre cuya fe fue puesta a prueba, con permiso de Dios, por Satanás. Job era próspero y feliz, alabando con fe a Dios. Para hacer que Job maldijera a Dios, Satanás destruyó todo lo que Job poseía, mató a sus hijos, quemó sus ovejas y pertenencias, robó sus camellos, dio muerte a sus servidores, derribó su casa, y finalmente, llenó a Job de llagas de la cabeza a los pies. Unos falsos amigos animaron a Job a que abandonara sus creencias y maldijera a Dios. Pero incluso en la miseria, Job no maldijo a Dios y permaneció con fe. La historia culmina con una dramática conversación entre Job y Dios, y debido a la fe firme de Job, Dios le devolvió la salud y le proporcionó el doble de todo cuanto había tenido antes. Pág. 174.

juego: en Scientology, un *juego* consta de libertad, barreras y propósitos. Pág. 83.

juguetear: mover los dedos como para combatir el aburrimiento. Pág. 118.

lanzar: arrojar, especialmente con gran violencia o fuerza. Se usa en sentido figurado. Pág. 118.

larga, a la: al cabo de un tiempo; finalmente. Pág. 228.

lealtad a toda prueba: inquebrantablemente leal o fiel. Pág. 121.

Lenin: Vladimir Ilich Lenin (1870-1924), líder ruso de la revolución comunista de 1917 quien, por medio de la fuerza y del terror, se convirtió entonces en dictador de la URSS (Unión de Repúblicas Socialistas Soviéticas, grupo de estados anteriormente controlados por Rusia) desde 1917 hasta 1924. Pág. 217.

levadura: sustancia blanca creada a partir de una clase de hongo que hace que la masa de algunos alimentos quede más hueca y esponjosa, como en el pan o la cerveza. Pág. 39.

libertinaje: desconsideración abusiva por lo que se considera correcto, apropiado, etc.; libertad abusiva o excesiva. Pág. 243.

libertinaje, practicar el: involucrarse en la desconsideración abusiva por lo que se considera correcto, apropiado, etc.; libertad excesiva. Pág. 243.

línea de comunicación: ruta a lo largo de la cual viajan las comunicaciones (partículas, mensajes, etc.), de una persona a otra. Pág. 138.

llevar como a un corderito: guardar o vigilar atentamente, como hace un pastor con sus ovejas. Pág. 162.

lujo: comodidad o placer emocional o intelectual poco común o inusual que se deriva de alguna cosa específica. Pág. 196.

mala suerte: infortunio; desgracia. Usado para mostrar que uno piensa que alguien le ha traído infortunio. Pág. 159.

maldición: causa de desgracia o daño; gran calamidad. Pág. 100.

malditos: exclamación empleada para expresar irritación, enojo, repugnancia, etc. Pág. 8.

malicioso: que se caracteriza por ser a menudo de mal carácter, estar contrariado, criticón. Pág. 64.

mal tiempo: expresión figurativa para indicar problemas, obstáculos, dificultades, etc., que surgen. Literalmente, *mal tiempo* significa aquí cielo nublado y oscuro, quizás con lluvia, nubes sombrías, etc. También puede referirse a la turbulencia, gran fuerza o intensidad de las grandes olas en el mar, lo cual puede dificultar enormemente las operaciones normales de un barco. Por ello, si uno está encarando problemas, obstáculos, dificultades, etc., se podría decir en sentido figurado que está en "mal tiempo". Pág. 274.

mameluco: prenda de una sola pieza para un niño que combina una camisa y pantalones cortos. Pág. 162.

manchas de tinta: alusión a los tests de manchas de tinta, cualesquiera de los tests psicológicos en que diversos patrones formados por manchas de tinta sobre un papel se le muestran a un sujeto para que los interprete, y sus reacciones se emplean para, supuestamente, dar indicaciones sobre su personalidad. Estos tests fueron originariamente desarrollados por el psiquiatra suizo Hermann Rorschach (1884-1922). Pág. 150.

manifestación: demostración visible o exhibición de la existencia, presencia, cualidades o naturaleza de alguna persona o cosa. Pág. 41.

mano, de la: se dice de las cosas que van inseparablemente unidas o interrelacionadas. Pág. 238.

mano mágica, agitar una: variación de *agitar una varita mágica,* usado en sentido figurado, queriendo decir que produce apariciones maravillosas o resultados en el entorno, como los efectos mágicos que se piensa que produce un mago y que vienen de causas sobrenaturales. Una varita mágica es un palito alargado que se emplea en los números de magia. Pág. 8.

manopla: abrigo para las manos (también conocido como *mitón*) que difiere de los guantes en que no tiene divisiones para los dedos. Las manoplas pueden usarse como una atadura si se amarran entre sí fuertemente. Pág. 160.

manos limpias: estado o condición de no tener engaño o falsedad; honestidad. Pág. 247.

marcianos: supuestos habitantes del planeta Marte. Pág. 196.

marea: cuerpo de agua que fluye; una corriente. Usado figurativamente aquí en la *"marea de la vida"* para significar el movimiento de la fuerza de la vida. Pág. 63.

"mareas" de la sangre: referencia a antiguas teorías de la sangre, como aquellas del físico griego Galeno (d. C. ¿130?-200), que erróneamente creía que el hígado convertía la comida en sangre que entonces subía por el resto del cuerpo y era absorbida. La *marea* se refiere a algo como las mareas del mar (que suben y bajan cada 12 horas), como al experimentar un aumento seguido por una disminución o una subida y luego una caída. Pág. 34.

margen: cantidad por encima de lo que es estrictamente necesario, que se incluye, por ejemplo, por razones de seguridad o por si hay errores, retrasos o circunstancias imprevistas. Pág. 114.

mártir: persona que prefiere hacerle frente a la muerte de buena gana antes que renunciar a su religión. Pág. 173.

Marx: Karl Marx (1818-1883), filósofo político alemán cuyas obras formaron las bases del comunismo del siglo XX y quien veía la sociedad como un conflicto entre los capitalistas (dueños de fábricas) y los trabajadores. Marx y sus compañeros comunistas acusaron a los capitalistas de condiciones de trabajo miserables tal como una paga muy pobre para los trabajadores, largas horas bajo condiciones insalubres y peligrosas y abuso de trabajo para los niños. Pág. 374.

masa: partículas de energía compuestas y comprimidas; materia. Pág. 101.

matar: castigar con severidad o estar muy enfadado con alguien. Pág. 158.

matemáticas: rama de la ciencia que tiene que ver con los números, cantidades y el espacio aplicado a la física, ingeniería y otros temas. Pág. 25.

materialidad: cosas materiales; aquello que es material (formado por materia o que consta de ella; física); el mundo físico por contraposición a la mente o el espíritu. Pág. 273.

máxima: principio o regla de conducta o declaración de una verdad general expresada de forma concisa. Pág. 105.

mayor bien, basarse en el: referencia a la solución óptima a cualquier problema: la solución que brinda los beneficios más grandes al mayor número de dinámicas. Tales soluciones guían al incremento de la supervivencia en la mayoría de las dinámicas. Pág. 208.

mecanismo: **1.** Medio o recurso mediante el que se produce o se lleva a cabo un efecto o se alcanza un propósito, a semejanza de la estructura o sistema de piezas en un dispositivo mecánico para llevar a cabo alguna función o hacer algo. Pág. 9.
2. Los detalles operativos o de procedimiento (*de* algo). Cuando se aplica a teorías específicamente, *mecanismo* significa la explicación de fenómenos por medio de la suposición de la acción mecánica; la explicación de cómo funciona algo. Pág. 33.

mente abierta: mente accesible a todos los argumentos o puntos de vista. Pág. 19.

mente reactiva: porción de la mente de una persona que funciona totalmente a base de estímulo-respuesta (dado un cierto estímulo proporciona una cierta respuesta), que no está bajo su control volitivo (voluntad), y que ejerce fuerza y poder de mando sobre su consciencia, propósitos, pensamientos, cuerpo y acciones.

Mercaderes del Caos: personas quienes hacen de su profesión el transmitir, suministrar o pasar malas noticias, confusión y caos. Los *mercaderes* son personas que compran y venden artículos a cambio de un beneficio. *Mercader* es una palabra que a menudo se emplea con otra palabra calificativa, a veces de modo despectivo. Pág. 259.

meta: un objetivo conocido hacia el que se dirige una acción con el propósito de lograr esa finalidad. Pág. 3.

mezcolanza: mezcla confusa; desorden. Pág. 175.

milenio: mil años. Pág. 48.

militarista: alguien que apoya y promueve con celo los ideales militares. Pág. 260.

minar: debilitar o causar colapso por medio de remover soportes subyacentes, como por medio de desenterrar o desgastar los cimientos. Se usa en sentido figurado. Pág. 37.

miríada: cantidad muy grande e indefinida; innumerable. Pág. 137.

misión: tarea o propósito especial que una persona o grupo cree que es su deber llevar a cabo. Tarea o función dada o asumida por una persona o grupo. Pág. 27.

mitad del vuelo, a: en medio de una acción o de una pauta establecida. Pág. 162.

monopolio: posesión o control exclusivo sobre una cosa. Pág. 275.

Napoleón: Napoleón Bonaparte (1769-1821), líder militar francés. Se alzó al poder en Francia mediante la fuerza militar, se declaró emperador y llevó a cabo campañas de conquista por toda Europa hasta su derrota final a manos de ejércitos aliados contra él en 1815. Medio millón de hombres murieron en las Guerras Napoleónicas (1799-1815). Pág. 192.

nebulosamente: de manera borrosa, vaga, indistinta o confusa. Pág. 34.

nervio óptico: el nervio que conduce la señal desde el ojo al cerebro. *Óptico* significa que pertenece o está relacionado con el ojo o la visión. Pág. 274.

neurosis: estado emocional que contiene conflictos y datos emocionales que inhiben las capacidades o el bienestar del individuo. Pág. 105.

noble: caracterizado por ser moralmente bueno y desinteresado; que tiene o muestra cualidades admirables. Pág. 182.

nobles: personas que nacen en una clase alta y que tiene un estatus político o social especial en un país. Pág. 103.

nobleza: caracterizado por ser moralmente bueno y desinteresado; que tiene o muestra cualidades admirables. Pág. 19.

no-comunicación: que no hay comunicación; incapacidad de comunicar. Pág. 149.

non plus ultra: lo máximo; especialmente lo mejor, lo más perfecto, lo excelente. Pág. 159.

notablemente: de manera notable; en una extensión considerable. Pág. 72.

novela romántica: novela que relata hechos heroicos o maravillosos, hazañas románticas, usualmente en un marco histórico o imaginario. Pág. 241.

objetivo: independiente de lo que es personal o privado en los pensamientos y sentimientos propios; que no depende de la mente para su existencia, en oposición a lo subjetivo. Pág. 38.

observar: prestar atención, especialmente con el fin de ver o aprender algo. Pág. 19.

obsesión: preocupación con algún tema, cuestión, etc.; fijación. Pág. 196.

obsesionarse con: gastar tiempo o persistir (en una cosa) en acción o pensamiento; quedarse con la atención fija en algo. Pág. 104.

obtener: obtener algo de una fuente; formar o desarrollar algo a partir de alguna otra cosa. Pág. 8.

occidental, cultura: perteneciente o relativo a la cultura de los países y pueblos de Europa y de América. Pág. 150.

ocultar: no hacer o decir algo; contener o refrenar. Pág. 174.

oneroso: pesado, molesto o difícil de soportar. Pág. 243.

operación oscura: actividad o negocio ilegal o no ético, especialmente de un tipo hábil y astuto que manipula los acontecimientos y a la gente mediante chantaje y otros medios ilegales, para conseguir sus propios propósitos. *Oscuro* alude a algo malo, perverso, injusto, secreto y escondido. También denominadas *operaciones negras*. Pág. 229.

óptimo: más favorable o deseable; lo mejor. Pág. 62.

orden del día, a la: expresión que significa que algo es la moda o forma de proceder habitual. Pág. 197.

organismo: forma de vida individual; un cuerpo. Pág. 27.

oropel, camino de: *oropel* es una lámina de latón, (o, por extensión, de plástico o de papel, etc.) que imita al oro y produce un efecto brillante o refulgente. En sentido figurado, cosa de poco valor y mucha apariencia. De ahí, un *camino de oropel* sería un atractivo rumbo para la acción o la conducta, pero en realidad de poco valor o provecho. Pág. 114.

pájaro de mal agüero: persona que se empeña en presagiar fracasos y desgracias. Pág. 193.

palabra, faltar a la: no cumplir con la palabra o promesa dada; actuar como un traidor. *Faltar* significa no cumplir con lo debido. *Palabra* significa una promesa o compromiso dado. Pág. 241.

palpable: fácilmente perceptible por la mente o por uno de los sentidos, hasta el punto de casi poder sentirse físicamente. *Palpable* viene del latín que significa "que puede ser tocado". Pág. 100.

pan: comida o cualquier medio de supervivencia o apoyo. Pág. 259.

pan de cada día: aquello con lo que uno se gana la vida diaria; medio de supervivencia; sustento. El *pan* es la comida o provisiones necesarias para la supervivencia cotidiana. Pág. 259.

Pan-determinismo: *pan* significa *totalidad, a lo largo* y *determinismo* significa la capacidad de determinar el curso de algo o una decisión acerca de algo. De ahí, *Pan-determinismo* significa la disposición de un individuo para determinar las acciones de uno mismo y otros. Significa un determinismo más amplio que el de uno mismo. Un individuo que es Pan-determinado es determinado en las ocho dinámicas. Pág. 102.

panorama: vista o ámbito completo y de gran amplitud. Pág. 99.

paridad: estado o condición de ser igual que otra cosa, o al mismo nivel de cantidad, estatus o carácter. Pág. 150.

parte baja de la escala: situado o moviéndose hacia el medio o la parte baja de una escala; a una condición, estado o posición más baja o peor. Pág. 150.

partícula: trozo (pequeño) de algo, parte, porción o división de un todo. Pág. 92.

particular: propio, privativo o característico de algo. Pág. 12.

pasatiempo: forma de entretenimiento (diversión, juego o deporte). Del término francés *passe-temps* que significa pasar el tiempo. Pág. 100.

pasión dominante: objeto principal o predominante de intenso interés en un tema o actividad concretos. Pág. 236.

pensión: cantidad de dinero que se paga regularmente como un beneficio de retiro por servicios prestados en el pasado a un patrón. Pág. 113.

peón: algo que puede ser usado para ventaja propia. Pág. 12.

perder vida: perder la frescura de la juventud, debido a la edad. Pág. 3.

perdurar: persistir o seguir siendo efectivo. Pág. 260.

perpetrar: referido especialmente a una falta o a un delito, realizarlo o cometerlo. Pág. 191.

personalidad básica: el individuo mismo. El individuo básico no es un desconocido oculto o una persona diferente, sino una intensificación de todo lo que es mejor y de las mejores capacidades que hay en una persona. Pág. 237.

pervertido: persona con comportamiento sexual anormal. Pág. 241.

pesar: sufrimiento mental y emocional causado por la pérdida o la decepción; tristeza, pesar o lamentación. Pág. 74.

peso, hacer sentir su: afirmar la propia autoridad de uno. Se usa en sentido figurado. Pág. 159.

piedra angular: principio de apoyo; el elemento principal de un sistema; aquello sobre lo que se apoya o depende el resto. Una *piedra angular* es la piedra más elevada en un arco, que al ser la última que se pone es la que cierra o ajusta la estructura completa. Pág. 91.

plancton: colección de pequeños organismos microscópicos, incluyendo las algas, que flotan o van a la deriva en gran número en agua dulce o salada cerca de la superficie o en ella y que sirve como comida para peces u otros organismos más grandes. Pág. 38.

planta: edificio o grupo de edificios para la manufactura de un producto; fábrica. También el equipo, incluyendo la maquinaria, herramientas, instrumentos y accesorios, y los edificios que los contienen y que son necesarios para una actividad industrial o de manufactura. Pág. 115.

plantear: **1.** Exponer o presentar algo, como un problema, un peligro o algo parecido. Pág. 38.
2. Dar algo para su estudio, para cuestionarlo. Pág. 60.

plutonio: elemento metálico radiactivo que se usa en los reactores nucleares y armas nucleares. Pág. 74.

poder de elección: habilidad o capacidad de determinar o decidir algo (como un curso de acción). Pág. 106.

poli: coloquial, policía. Pág. 8.

polo: deporte practicado entre dos equipos de 4 jinetes cada uno que, con mazas de mangos largos, impulsan una pequeña bola de madera hacia la portería del equipo opuesto. Pág. 100.

por no decir algo peor: usado como una declaración modesta (implicando que la realidad es mucho más extrema, generalmente peor). Pág. 236.

por quién doblan las campanas: referencia a una línea de un ensayo religioso por el poeta inglés John Donne (1572-1631), que en parte dice: "Ningún hombre es una isla, un todo para sí; todo hombre es parte del continente, parte de la Tierra..., la muerte de cualquier hombre me disminuye, ya que estoy involucrado con la humanidad; por lo tanto, nunca mandes a buscar por quién doblan las campanas, doblan por ti". Históricamente, las campanas de las iglesias han doblado (tocado lentamente) para anunciar muertes. Pág. 61.

postulado: asunción, especialmente como base de razonamiento. Pág. 160.

postular: asumir que (algo) es verdadero, real o necesario, especialmente como base para el razonamiento. Pág. 35.

potente: influyente; fuerte; poderoso. Pág. 115.

predecesor: algo previamente en uso o en existencia y que ha sido reemplazado o sucedido por algo distinto. Pág. 25.

predeterminado: dirigir o tener una tendencia hacia un curso de acción en particular de antemano. Pág. 26.

predisposición: condición que lo hace a inclinarse o ser propenso a una enfermedad, dolencia, etc. Pág. 26.

preponderancia: hecho o cualidad de tener mayor influencia, fuerza, peso, etc.; prevalecer (que tiene poder o influencia superiores). Pág. 34.

prerrogativas: derechos, privilegios, etc., limitados a una persona específica o a personas de una categoría particular. Pág. 136.

prescindible: capaz de ser remplazado o prescindir de ello. Pág. 129.

Pretty Boy Floyd: Charles Arthur Floyd (1904-1934), gángster americano, asaltante de bancos y asesino, que robó más de treinta bancos, asesinando al menos a diez personas, la mitad de las cuales eran policías. Pág. 192.

principalmente: en su mayoría; en general. Pág. 127.

principio: doctrinas o creencias sostenidas como verdad. Pág. 74.

procesamiento: asesoramiento de Scientology. Por procesamiento se quiere decir el ejercicio verbal de un individuo utilizando procesos exactos de Scientology para ayudar a poner al individuo en mejor control de sí mismo, su mente, la gente y el universo a su alrededor. Pág. 105.

procesar: dar *procesamiento*. Pág. 27.

proceso: serie exacta de pasos, acciones, simulaciones y ejercicios utilizados en el procesamiento de Scientology para ayudar a poner al individuo en mejor control de sí mismo, su mente, la gente y el universo a su alrededor. Pág. 25.

profetas: maestros inspirados; aquellos que hablan por Dios o cualquier deidad como intérpretes de su voluntad. Pág. 174.

propenso: inclinado; dispuesto a; dado a. Pág. 237.

proporción: relación correspondiente entre dos o más cosas; relación proporcional. Una proporción se expresa a veces como un número o monto en relación con otro número o monto. Por ejemplo, si una persona emplea diez horas dentro y una hora afuera, la proporción es de 10:1 o diez a una. Pág. 33.

propósito: resultado que se espera o se desea lograr; objetivo; meta. Pág. 40.

proscribir: prohibir algo que se considera indeseable. Pág. 138.

pro-supervivencia: de *pro,* a favor de, y *supervivencia.* Por lo tanto, *pro-supervivencia* es algo que está a favor de o que apoya a la supervivencia, el acto de permanecer vivo, de continuar existiendo, de estar vivo. Pág. 243.

protones: partículas con carga positiva que forman parte de todos los átomos. Pág. 57.

provenir: nacer, proceder u originarse. Pág. 116.

provocación: algo que se hace para enojar o irritar a alguien, especialmente cuando se hace adrede. Pág. 183.

psicología: psicología moderna, desarrollada en 1879 por el profesor alemán Wilhelm Wundt (1832-1920), en la Universidad de Leipzig, en Alemania, quien concebía que el Hombre era un animal sin alma, basando todo su trabajo en el principio de que no existía la psique (palabra griega que significa espíritu). La psicología, el estudio del espíritu (o mente), se colocó entonces en la peculiar posición de ser un estudio del espíritu que negaba el espíritu. Pág. 11.

psicosis: conflicto de órdenes que *reduce gravemente* la capacidad de un individuo para resolver sus problemas en su entorno, hasta tal punto que no puede adaptarse a cierta fase vital de sus necesidades ambientales. Pág. 149.

psicosomático: *psico* alude a la mente, y *somático* alude al cuerpo; el término *psicosomático* quiere decir que la mente hace que el cuerpo esté enfermo, o dolencias creadas físicamente en el cuerpo por la mente. La descripción de la causa y fuente de las enfermedades psicosomáticas está contenida en *Dianética: La Ciencia Moderna de la Salud Mental.* Pág. 26.

pueblo: parte ínfima de la plebe, en el pasado, clase social común, fuera de los nobles, eclesiásticos y militares. Pág. 103.

punto-causa: la fuente de la que emana algo (fluye, como desde una fuente u origen); el punto de impulso. Pág. 173.

punto de referencia: estándar de una regla o principio para evaluar o probar algo. Pág. 64.

punto de vista: cada uno de los modos de considerar un asunto u otra cosa. Pág. 99.

punto-efecto: aquello a lo que se le emana algo (fluye, como desde una fuente u origen); el punto de recepción de un impulso. Pág. 173.

quilla: pieza larga de madera o acero a lo largo del fondo de un barco, que forma la mayor parte de su estructura y contribuye a mantener al barco equilibrado en el agua. Pág. 149.

raíz: el origen o fuente de una cosa. Pág. 149.

ratificación: confirmación o aprobación oficial, como de personas, procedimientos, etc. Pág. 37.

raza: grupo de personas relacionadas por una historia, nacionalidad, distribución geográfica, características físicas (color, rasgos faciales, tamaño, etc.) comunes. Pág. 84.

razón fundamental: principio que explica o subyace una determinada acción, o una declaración en que se exponen las razones o principios. Pág. 135.

reactivamente: irracionalmente; de una manera que muestra que uno está afectado por la mente reactiva. Pág. 244.

Real Academia de Medicina: referencia al *Royal College of Physicians of London* (Colegio Real de Médicos de Londres), el instituto médico más antiguo en Inglaterra, establecido en 1518. Pág. 34.

realidad: "aquello que parece ser". La realidad es fundamentalmente acuerdo. Lo que acordamos que es real es real. Es una de las tres partes del A-R-C (afinidad, realidad y comunicación). Pág. 38.

recaudación: dinero que entra a un negocio de las ventas de bienes o servicios. Pág. 260.

reclutar: seleccionar o inscribir para el servicio militar extrayendo de un grupo. Pág. 106.

recompensa: pago que se da a alguien como intercambio por un trabajo o por llevar a cabo un servicio. Pág. 260.

recriminación: acusaciones que se hacen contra alguien que previamente ha hecho acusaciones contra uno. Pág. 219.

recurrir: el acto o situación de acudir a algo para asistencia, uso o ayuda. Pág. 26.

redimir: librar de una obligación o un dolor. Pág. 48.

reflejo: que vuelve sobre sí mismo, o relativo a algo que se torna o regresa de vuelta, como una acción que se dirige de vuelta al punto de origen. Pág. 173.

regla de oro: una regla de conducta ética. La regla de oro se formula tradicionalmente como: "Haz a los demás lo que te gustaría que ellos te hicieran a ti". Pág. 173.

reparto: literalmente, los actores de una obra. Por lo tanto, personas que son parte de un suceso real o serie de eventos. Pág. 192.

resurgimiento: acto de levantarse o de recuperar la identidad o el vigor. Pág. 63.

retaguardia: la parte trasera de un ejército o fuerza armada que avanza. De ahí, cualquier grupo de personas que, más que abrir camino, viajan muy atrás de otros respecto a los nuevos desarrollos, ideas o acciones. Pág. 48.

retardo de comunicación: lapso de tiempo que transcurre entre el planteamiento de una pregunta o la originación de una afirmación y el momento exacto en que se responde esa pregunta o afirmación originales. *Retardo* significa no mantener un ritmo deseado o no estar a la altura de algo; retrasarse o quedarse atrás. Pág. 150.

reticencia: reserva, recelo o falta de confianza. Pág. 48.

retorcida: mentalmente torcido; desviado de la verdad o de los hechos o de un estado sano y saludable. Pág. 203.

reumatismo: dolencia de las extremidades o de la espalda que se caracteriza por dolor y dificultad para moverse. Pág. 73.

Revolución Francesa: revolución en Francia entre 1789 y 1799 que derrocó a la familia real y a la clase aristocrática y el sistema de privilegios de que disfrutaban. La revolución fue, en parte, una protesta contra la monarquía absoluta francesa, la nobleza improductiva y afianzada y la resultante falta de libertad de las clases medias. Durante la revolución, se arrestó a 300,000 personas y 17,000 fueron decapitadas en la guillotina. Pág. 103.

revolucionarias, fuerzas: grupo de personas que apoyaron la Revolución Rusa de 1917 y lucharon en ella. Las fuerzas revolucionarias, conducidas por los comunistas bajo Vladimir Lenin (1870-1924), derrocaron al zar (emperador de Rusia) y establecieron un gobierno comunista. Pág. 217.

revolucionario: que pertenece o tiene que ver con la *revolución,* el derrocamiento y reemplazo de un gobierno o sistema político establecido, usualmente por parte de las personas gobernadas. Pág. 100.

rienda suelta: libertad sin restricciones de movimiento, elección o acción. Una *rienda* es una tira larga de cuero sujeta al bocado (parte del freno que entra en la boca de la caballería) por cada lado de la cabeza de un caballo o de otro animal, con la que le controla y conduce el jinete o cochero (persona que conduce un coche, normalmente de caballos). El término *rienda suelta* deriva del sentido literal de emplear riendas para controlar a un caballo. Pág. 192.

Roma: alusión al imperio de la antigua Roma (que en su apogeo [punto culminante] incluía el oeste y sudeste de Europa, las Islas Británicas, el norte de África y las tierras del este del mar Mediterráneo) que duró desde el año 27 a. C. hasta el 476 d. C., cuando cayó ante las tribus germánicas invasoras. En el último siglo del Imperio, las condiciones iniciaron un continuo declive debido a la desintegración económica, la debilidad de los emperadores, las tribus invasoras y a que el gobierno central proporcionaba pocos servicios y poca protección aunque exigía mayores impuestos. Pág. 205.

rutina: referencia a algo que es habitual, insulso y tedioso, tal como el trabajo cotidiano (repetitivo) que se considera aburrido, difícil y cansado. Pág. 114.

sabios: hombres de gran conocimiento, especialmente personas que son muy respetadas por su sabiduría, experiencia y juicio. Pág. 174.

sacrificar: dejar ir; despedir o degradar en clase. Pág. 139.

salas del saber: edificios usados por una universidad para la enseñanza o la investigación. Pág. 271.

salir hecho una furia: salir enojado y rígido. Pág. 121.

salmodia: acción y efecto de decir algo de manera monótona o repetitiva. Pág. 100.

scientologist: aquel que mejora sus propias condiciones y las condiciones de otros por medio del uso de la tecnología de Scientology. Pág. 25.

scientologist entrenado: persona que tiene un conocimiento especial sobre el manejo de la vida. Consigue esto mediante el *entrenamiento,* que es una actividad formal (a diferencia de la lectura o interés casuales) en que se imparte la filosofía o la tecnología de Scientology a un individuo o grupo y culmina con la concesión de un grado o certificado. Pág. 27.

Scientology: Scientology se dirige al espíritu. Scientology se usa para aumentar la libertad espiritual, la inteligencia, la capacidad, y producir inmortalidad. Se define además como el estudio y manejo del espíritu en relación consigo mismo, los universos y otra vida. Pág. 3.

secta: grupo de personas exclusivo o cerrado (que no está abierto ni en comunicación con otros grupos) quienes comparten algún interés o creencias comunes. Pág. 262.

sedante: droga que se usa principalmente para provocar somnolencia y sueño. Los sedantes causan hábito y pueden causar graves problemas de adicción. Pág. 248.

ser: persona; identidad. Pág. 60.

sesos y músculo: inteligencia (sesos) y fuerza muscular (músculo, fuerza muscular). Pág. 164.

Shakespeare: William Shakespeare (1564-1616), poeta inglés y autor de muchas obras de teatro; el más famoso dramaturgo de todos los tiempos. Pág. 35.

Sicilia: la isla más grande del Mediterráneo, Sicilia es una región de Italia, situada al sudoeste del extremo de la península italiana. Pág. 215.

siniestro: de apariencia poco amigable o amenazante. Pág. 273.

sistema: forma de gobierno o dominio. También, un régimen, especialmente impuesto por un gobierno. Pág. 113.

sobrecarga: peso o carga; como de información, datos, etc., que es excesiva, más de lo que alguien puede fácilmente asimilar, retener o usar; una sobrecarga. Pág. 37.

social: caracterizado por una relación o compañía amigable; que busca o disfruta de la compañía de otros; amigable; sociable. Pág. 162.

sofocado: apagado o destruido; vencido. Pág. 165.

sólido: cosa firme o dura. Pág. 92.

solvente: algo que resuelve o soluciona; algo que tiene la capacidad de causar que desaparezcan, se disuelvan o se desvanezcan cosas como los problemas, las situaciones, etc. Pág. 93.

soportar: aceptar algo o tenerlo como obligación, con el sentido de tener que aguantar algo difícil o doloroso. Pág. 114.

subjetivo: que existe en la mente; que depende de la mente o de la percepción individual para su existencia a diferencia de lo objetivo. Pág. 38.

subordinado: de importancia menor o secundaria; más pequeño en escala respecto a otra cosa más grande o más poderosa. Pág. 102.

subordinar: someter, esclavizar o hacer que se dependa de alguien o algo. Pág. 228.

subversivo: persona involucrada en actividades dirigidas a minar o derrocar a una autoridad. Pág. 165.

sucesivamente: en sucesión, que siguen el uno al otro. Pág. 85.

sucumbir: fracasar en sobrevivir; cesar en existir. Pág. 58.

sumirse en el vertedero: caer en un estado de fracaso o ruina, deterioro o colapso. Un *vertedero* es un lugar en el que se lanza basura y otros deshechos. Se usa en sentido figurado. Pág. 246.

superar: poder con alguien, derrotar, vencer. Pág. 102.

superior: de mayor influencia; en un nivel más alto que otra cosa. En sentido figurado un individuo que detenta (asume) una posición de más alto rango. Pág. 102.

superstición: temor irrazonable o miedo irracional de lo que es desconocido o misterioso, especialmente en relación con la religión; creencias o prácticas religiosas fundadas en el miedo o la ignorancia. Pág. 11.

supervivencia (contra-supervivencia), entidades: las *entidades* son cosas que tienen una existencia independiente o separada; cosas que tienen una delimitación de carácter y de ser. *Entidades* se refiere a personas que son la fuente de algo, en este caso supervivencia o contra-supervivencia. Pág. 162.

suprimir: aplastar, sofocar, hacer más pequeño, impedir dejar alcanzar, hacer que sea incierto el alcanzar, disminuir o hacer que resulte dañino por cualquier medio posible para el individuo o grupo y para la protección imaginaria del supresor. Pág. 64.

Tao: el Tao Teh King, doctrina y filosofía escrita por Lao-tse (604-531 a. C.) en forma de verso. Literalmente significa "El Camino" y es el fundamento del Taoísmo, una filosofía China que aboga por una vida simple y una política de no interferencia con el curso natural de las cosas. Pág. 25.

taxidermista: el que practica el arte o la habilidad de preparar, rellenar y exponer animales muertos para exhibirlos como si estuvieran vivos. Pág. 40.

técnica(s): procedimientos y métodos especializados usados en cualquier campo específico. Pág. 33.

tecnoespacial, sociedad: sociedad que ha avanzado hasta el punto de los viajes espaciales, y que está orientada hacia la tecnología. Del griego *tecno,* elemento compositivo que significa técnica. Pág. 228.

tecnología: métodos de aplicación de un arte o ciencia en contraste con el mero conocimiento de la ciencia o arte como tales. En Scientology, el término *tecnología* se refiere a los métodos de aplicación de los principios de Scientology para mejorar las funciones de la mente y rehabilitar los potenciales del espíritu, desarrollados por L. Ronald Hubbard. Pág. 138.

tender: mostrar tendencia, inclinación o propensión a alcanzar un estado o cualidad. Pág. 60.

tener en cuenta: tener presente, considerar. Pág. 105.

tenso: referente a las relaciones personales, una situación, etc., sujetos a un grado peligroso de tensión, forzado a un punto de amenaza de discordia. Pág. 251.

terapéutico: que tiene un buen efecto sobre el cuerpo o la mente; que aporta una sensación de bienestar. Pág. 26.

terapia: poder o cualidad curativa. Pág. 157.

Tiempo: cuando dices tiempo, dices, justamente, persistencia. Ese es el lema del tiempo. Eso es lo que es el tiempo, eso es lo que el tiempo significa. Tiempo significa un ritmo uniforme de persistencia. Pág. 85.

tifoideo: relativo a la *tifoidea,* infección grave, y a veces mortal del sistema digestivo, causado por comida o agua contaminada. Pág. 39.

tirada: número de ejemplares de una publicación que se han vendido o distribuido a los lectores durante cierto periodo. Pág. 260.

tolerar: permitir que ocurra una acción, situación, etc., sin sentir incomodidad ni desasosiego. Pág. 106.

tomar partido: dar apoyo a una persona o grupo en contraste con uno opuesto; ser parcial con uno de los lados. Pág. 103.

tomos: libros, especialmente muy pesados, libros grandes o eruditos. Pág. 161.

tono: nivel emocional de una persona. Pág. 92.

tormenta: disturbio en el aire sobre la Tierra, que incluye vientos fuertes y normalmente lluvia, nieve, aguanieve o granizo (a veces con rayos y truenos). De ahí, por extensión, cualquier disturbio o revuelta (violentos) en asuntos políticos, sociales o domésticos. Pág. 114.

tornillos: piezas cilíndricas parecidas a los clavos con una parte en forma de rosca, que se introduce en la madera u otro material presionando y dando vueltas. Se usa humorísticamente en alusión a su sentido figurado de sentido común o cordura, como en la frase *zafársele a uno un tornillo,* que quiere decir volverse loco. Pág. 150.

torpeza: referencia a un trabajo mal hecho; trabajo inexperto; desastre. Pág. 116.

tradición: creencia, costumbre o manera de hacer algo que ha existido durante un largo periodo de tiempo entre un grupo particular de personas o una serie de estas creencias o costumbres. Pág. 25.

traficar: vender algo ilegal, especialmente drogas. Pág. 242.

traicionero: que da una falsa apariencia de seguridad o fiabilidad; inseguro o no confiable. Pág. 149.

tramar: planificar algo de antemano (a veces de manera secreta). Pág. 106.

trampa: aparato (como de un dispositivo mecánico que se cierra repentinamente) que se usa para atrapar animales de caza. Se usa en sentido figurado. Pág. 101.

tranquilizante: cualquiera de ciertos tipos de drogas dadas como un supuesto agente calmante para controlar varias condiciones emocionales. Pág. 248.

tribulación: dolor o sufrimiento resultante de condiciones que son difíciles de vencer mentalmente o físicamente. Pág. 99.

tribunal: conjunto de personas ante las cuales se atienden casos judiciales, también se refiere al lugar donde se reúnen. Pág. 242.

turbulencia: cualidad o estado de estar turbulento (caracterizado por disturbio, desorden o violencia o mostrándola); desorden violento o conmoción. Pág. 37.

unicelular: organismo compuesto de una sola célula. Pág. 58.

universo físico: el universo de materia, energía, espacio y tiempo. El universo de los planetas, sus rocas, ríos y océanos, el universo de las estrellas y galaxias, el universo de los soles ardientes y del tiempo. Pág. 12.

Vedas, los: los *Himnos Vedas,* los primeros escritos registrados. Son la literatura sagrada más antigua de los hindúes (los nativos de la India) comprendiendo más de una centena de libros aún en existencia. Hablan sobre la evolución, de la llegada del Hombre a este universo y la curva de la vida, que es el nacimiento, crecimiento, degeneración y decadencia. Pág. 25.

venirse abajo: colapsarse; fracasar. Pág. 236.

verosímil: que tiene apariencia de ser verdadero y resulta creíble. Pág. 10.

versado: muy familiarizado con los detalles esenciales o los datos de un tema; que tiene buen entrenamiento o mucho conocimiento sobre una materia. Pág. 261.

viejo dicho: antigua frase, repetida a menudo. Pág. 105.

viruela: enfermedad infecciosa grave que causaba manchas que dejaban grandes marcas en la piel y a menudo era mortal. La viruela ha sido erradicada mundialmente por programas de vacunación (tratamiento que lo hace a uno inmune a la enfermedad). Pág. 196.

visionario: soñador; persona cuyas ideas, planes, etc., son poco prácticos o demasiado fantásticos. Pág. 100.

vital: **1.** Lleno de vigor; enérgico. Pág. 59.
2. Extremadamente importante y necesario para la supervivencia o la efectividad continua de algo. Pág. 127.

vitalidad: fuerza física o vigor mental entusiastas. Pág. 65.

vivisección: práctica de operar animales vivos para estudiar estructuras, función y enfermedad. Pág. 34.

volar la imaginación: idea o pensamiento que es muy imaginativo; pensamiento creativo. Volar aquí significa pasar por encima y más allá de los límites comunes. Imaginación es la facultad mental por medio de la cual se crean en la mente las visiones y fantasías; una invención creada por la mente. Pág. 35.

vudú: conjunto de creencias y prácticas originarias de África que incluyen magia y el supuesto ejercicio de poderes sobrenaturales con la ayuda de espíritus malignos. Pág. 74.

yerma, tierra: área extensa de tierra incultivable, intensamente erosionada y con poca vegetación. Pág. 215.

Índice Temático

A

E

F

G

I

J

L

O

P

S

T

U

V